Fonética y Fonología
Españolas

Fonética y Fonología Españolas

Richard Barrutia

University of California, Irvine

Tracy David Terrell

University of California, Irvine

175 YEARS OF PUBLISHING

1807 1982

John Wiley & Sons

New York   Chichester   Brisbane   Toronto   Singapore

Library of Congress Cataloging in Publication Data:

Barrutia, Richard.
   Fonética y fonología españolas.

   Includes index.
   1. Spanish language—Pronunication.   I. Terrell,
Tracy D. II. Title.
PC4137.B28   1982   468.3'421   81-13155
ISBN O-471-08461-1   AACR2

Printed in the United States of America

10 9 8 7 6

Prefacio al Profesor

Este text tiene tres propósitos principales. Primero, sirve de manual para corregir la pronunciación del español de los estudiantes de habla inglesa. Segundo, sirve de introducción al sistema fonológico y ortográfico del español. Finalmente, pretende ser una introducción a la variación en las normas de pronunciación en el mundo hispánico.

En su función de manual de pronunciación nos hemos centrado en el posible contagio de rasgos del inglés al español. Esta transferencia puede tener su origen en rasgos articulatorios fonéticos diferentes en los dos idiomas o en una diferencia entre la correspondencia del sonido o fonema con el sistema ortográfico. En cada capítulo hemos incluído varios ejercicios de pronunciación. Sin embargo, queremos subrayar que la práctica de palabras aisladas o de frases enteras es solamente un paso preliminar hacia el desarrollo de una buena pronunciación. No puede decirse que el estudiante haya superado los hábitos incorrectos hasta que pueda incorporar lo practicado a su habla normal. Por eso aconsejamos vivamente que en cada sección el estudiante participe en una conversación libre tratando de incorporar a su habla lo aprendido. Además, recomendamos que varias veces por semestre el estudiante (o tal vez dos estudiantes juntos) prepare una cinta grabada con una conversación libre para que el profesor pueda juzgar su progreso.

En las discusiones teóricas de fonología hemos tratado de seguir los análisis tradicionales que nos parecen más funcionales para nuestros propósitos. Consideramos básico e imprescindible el concepto de fonema y de distribución alofónica. Rechazamos la posición de algunos lingüistas de que es innecesario un nivel fonémico (autónomo) en la teoría fonológica. También hemos echado mano de los conceptos de archifonema y neutralización de contraste fonémico. Nos parece que estos conceptos presentan cierta utilidad y facilitan la explicación de algunos fenómenos del sistema fonológico del español. Creemos que la idea de proceso fonológico también es una noción muy válida y útil y la hemos incorporado en parte. Además ha sido imprescincible echar mano del concepto de regla variable, sobre todo en la sección en que estudiamos la dialectología.

Hemos usado como pronunciación básica la del español americano general, que no es más que el habla de las clases educadas de los países de las llamadas "tierras altas" de México, Colombia y Perú. Escogimos esta modadidad de pronunciación básica porque representa una variedad del español menos "marcada" que otros dialectos, los cuales son igualmente válidos desde el punto de vista lingüístico. Comparamos los rasgos de este español americano general con los rasgos del inglés americano a fin de detallar la posible transferencia negativa. Presentamos también una descripción de los rasgos que más se destacan de la pronunciación del español en tres áreas del mundo hispánico: España, el Caribe y Río de la Plata. Además, incluímos unas notas sobre la pronunciación de las variedades del español más habladas en los Estados Unidos, que son el español mexicoamericano, el español cubano y el español puertorriqueño. Las secciones con material avanzado llevarán (*).

Acknowledgments

Quisiéramos agradecerles a muchos de nuestros colegas que nos han ayudado con varias partes de este texto, pero agradecemos especialmente a los profesores Maximo Torreblanca (University of California, Davis), Mark G. Goldin (George Mason University), Giorgio Perissonotto (University of California, Santa Barbara), Karen H. Kvavik (University of Wisconsin, Madison), y Francisco Trinidad (California State University, Long Beach). También agradecemos la ayuda editorial del señor Ignacio Bosque de Madrid, España quien nos ayudó mucho en pulir el estilo y el léxico que utilizamos en este texto. Naturalmente los errores que quedan son nuestros y no los de nuestros colaboradores.

Contenido

CAPITULO 9

CAPITULO 10

CAPITULO 11

CAPITULO 12

CAPITULO 13

CAPITULO 14

CAPITULO 15

CAPITULO 16

CAPITULO 17

CAPITULO 18

CAPITULO 19

CAPITULO 20

*Señala los capítulos con materia avanzada u opcional

Introducción para el Estudiante

La lingüística es la ciencia que estudia el lenguaje humano. Dentro de este amplio marco, la lingüística tiene el propósito fundamental, pero no único, de tratar de explicar lo que es la comunicación por medio del lenguaje entre los seres humanos. El lingüista se propone explicar los procesos usados al formular una oración y al recibir una comunicación. Así, es central para el estudio de la lingüística realizar una descripción y luego una explicación de todas las oraciones existentes o potenciales en una lengua humana. Para lograr este fin el lingüista tiene que valerse de varios subcampos dentro de su disciplina.

Veamos primero los componentes mínimos necesarios que integran la producción y comprensión de una oración. En primer lugar, el hablante quiere expresar o comunicar una idea. Esta idea abarca varios conceptos semánticos que serán expresados por los elementos de la oración. Así la lingüística tiene que valerse de la **semántica**. La semántica, que trata de especificar el significado de una oración, contiene tres dominios: las **palabras léxicas**, las palabras que representan un concepto específico como, por ejemplo, *árbol, cine, abuelo, correr*, etc; los **morfemas gramaticales** tales como las desinencias verbales, habl*amos*, habl*aste*, habl*aba*, o las desinecias nominales, libros; las palabras que sirven para indicar una función gramatical como *hemos* en *hemos terminado el trabajo;* y finalmente la **combinación de palabras** en una oración, por ejemplo, *el gato ataca al perro* que no es igual én su significado a *El perro ataca al gato.* Las relaciones gramaticales de las palabras dentro de una oración es el campo de estudio de la **sintaxis**. La formación de palabras es el campo de estudio de la **morfología**.

En las lenguas del mundo, la transmisión de oraciones se efectúa normalmente por medio de la lengua hablada. Por eso, el ser humano se vale de la posibilidad de **articular** oralmente sonidos que a su vez se agrupan para crear palabras. El estudio de la manera en que se emplean los sonidos en una lengua dada es su **fonología**. El estudio puramente físico del sonido es la **fonética**. Esta última puede subdivirse en varias ramas de las cuales las más importantes son dos: la **fonética acústica**, que estudia la percepción física de la señal auditiva, y la **fonética articulatoria**, que estudia la producción física de los sonidos.

Este es un texto de **fonética** y **fonología,** y usaremos conocimientos tomados mayoritariamente de estos dos campos de la lingüística. Sin embargo, el propósito de este texto es algo más amplio que la simple descripción de la fonética y la fonología españolas, y por ello tendremos que usar conocimientos de otros campos lingüísticos. Tenemos varios propósitos. En primer lugar queremos presentar a los estudiantes anglohablantes un manual de la pronunciación del español que pueda servir como guía para la corrección de posibles deficiencias en su pronunciación. A este fin tendremos que estudiar la fonética articulatoria tanto del español como del inglés, considerando las posibles interferencias y transferencias del inglés al español, ocasionadas por los hábitos bien establecidos y sentados en la pronunciación del anglohablante. Sin embargo, no es puramente articulatorio el problema del **contagio,** sino que éste puede surgir de otras dos fuentes. Una es la **ortografía,** que también ocasiona dificultades porque la correspondencia en los dos idiomas entre la ortografía y la pronunciación es en muchos casos distinta. En segundo lugar, puede ocasionar problemas la manera en que un determinado sonido se usa dentro del **sistema fonológico** de cada uno de los idiomas. Es decir, es muy posible que dos sonidos sean iguales en los dos idiomas en el plano físico real, pero que a nivel psicológico, su funcionamiento sea tan distinto que provoque muchas confusiones a los hablantes de ambas lenguas. Así, en la primera fase nos centramos principalmente en el estudio de la pronunciación de los sistemas ortográficos respectivos y de los estudios fonéticos y fonológicos contrastivos. Un segundo propósito de este libro es servir de introducción al análisis fonológico. Por eso hemos creído conveniente incluir discusiones un poco más amplias para que se obtenga una idea general del sistema fonológico del español.

Finalmente, hemos presentado una introducción a algunos rasgos fonéticos que tienen gran difusion en el mundo hispánico, pero que normalmente no se incluyen en los cursos de español para principiantes. Además discutiremos algunos de los rasgos importantes en la pronunciación del español en España, en el Caribe y en la región del Río de la Plata (principalmente, la Argentina). También examinaremos las diferencias en la pronunciación cotidiana de los tres grupos más grandes de hispanohablantes en los Estados Unidos, es decir, el chicano (mexico-americano), el cubano, y el puertorriqueño. Con estos dos enfoques esperamos haber proporcionado una introducción a la variación en las normas de la pronunciación en el mundo hispánico.

Hay varios puntos que debe tener en cuenta el estudiante para mejorar su pronunciación. El primer paso es la práctica de algún rasgo en palabras aisladas para perfeccionar la pronunciación deseada. Luego hay que usar estas palabras en oraciones tratando de asimilar su uso de una manera más natural.

Sin embargo, el paso final es el más importante y consiste en emplear los rasgos adquiridos en la conversación normal. A este fin sugerimos que en las ocasiones indicadas por el instructor, el estudiante hable en español con otro compañero de clase poniendo atención especial en el rasgo de que se trate en ese momento.

Hay muchas personas que creen que si al comenzar el estudio de un idioma se cometen errores en la pronunciación, estos errores se aprenderán de una manera tan firme que nunca podrán corregirse. Si creyéramos esto no hubiéramos escrito el presente texto. Un estudiante que quiera mejorar su pronunciación, puede lograr su meta con trabajo diligente y con práctica. Esperamos que este texto facilite en alguna medida el alcance de esta meta.

CAPITULO 1
La Sílaba

La base para una descripción completa de la fonética española se encuentra en la sílaba. Por eso empezaremos nuestro estudio con un examen algo detallado de la silabificación en español. La sílaba es la base para el desarrollo de una buena pronunciación en español ya que casi todos los procesos fonológicos de que hablaremos dependen de alguna manera u otra de la forma de la sílaba. Además, el ritmo del español, factor fundamental en la buena pronunciación, depende directamente del número de sílabas de la oración.

Consonantes simples

Veamos primero unas reglas generales para la silabificación de las palabras simples. Para empezar, tomaremos palabras en las cuales aparece solamente una vocal en cada sílaba. Palabras que consisten en una vocal forman una sola sílaba: *y, a, o, u, e, ha, he, haz* y *han*. (Recuerde que cuando aparece la *h* en español, no tiene ningún valor fonético; es simplemente una formalidad ortográfica.) En palabras con más de una vocal separadas por una sola consonante, la consonante en posición media siempre se une a la segunda sílaba.

EJERCICIO 1.

Divida las siguientes palabras en sílabas. Encierre la letra *h* entre paréntesis para indicar que no se pronuncia.

Ejemplo: osa   o-sa

1. una	6. Ida	11. hijo
2. ala	7. Ana	12. hace
3. ese	8. ata	13. hilo
4. ajo	9. usa	14. hago
5. oro	10. oso	15. higo

EJERCICIO 2.

Determine el número de sílabas de la siguientes oraciones.

1. Ese ha de ser un oso de oro.
2. He de ver a mi hijo y mi hija a esa hora.
3. No has de hacer hábito de comer higo, mi hijo.

EJERCICIO 3.

Indique la silabificación.

Ejemplo: pago   pa-go

1. poco	6. sala	11. cosa	16. manada
2. taza	7. bola	12. mesa	17. sílaba
3. caso	8. taco	13. cama	18. Canadá
4. digo	9. nada	14. pero	19. sábana
5. para	10. pido	15. dedo	20. patata

Consonantes agrupadas

Existe una regla muy general que nos ayudará a separar los grupos consonánticos que pueden encontrarse dentro de una palabra. En la palabra *patrón*, por ejemplo, hay un grupo consonántico *tr*. Existen dos posibilidades para su silabificación: *pat-rón*, separando el grupo *tr* o *pa-trón* conservando el grupo y juntándolo a la segunda vocal. Para saber cuál es la silabificación correcta, nos preguntamos si existen palabras que comienzan con el grupo *tr*. La respuesta es sí; hay muchas: *tres, trabajo,* etc. Como es posible comenzar una palabra con el grupo *tr*, debe de mantenerse el grupo sin separación también en la posición interior de palabra. La silabificación correcta es *pa-trón* con el grupo consonántico *tr* en la segunda sílaba.

Tomemos otro ejemplo, *cansado*, en que el grupo es *ns*. Nos preguntamos si existen palabras que comienzan con el grupo *ns*. No las hay y por consiguiente el grupo tiene que separarse asi: *can-sa-do*.

EJERCICIO 4.

Indique la silabificación; ponga atención a los grupos consonánticos.

Ejemplo: costar   cos-tar

1. pensar	7. ando	13. libro	19. español
2. hablan	8. abrir	14. Carlos	20. cinco
3. busco	9. hermano	15. palabra	21. once
4. mismo	10. salgo	16. conozco	22. ladrón
5. banco	11. Pedro	17. consonante	23. tengo
6. están	12. antes	18. agradable	24. arte

EJERCICIO 5.

Determine el número de sílabas en las siguientes oraciones.

1. Busco a Pedro Pardo pero no lo conozco.
2. Es difícil, y casi imposible, imitar a esa mujer.
3. Nosotros sabemos dividir palabras con grupos de dos consonantes.

Grupos de tres consonantes

También existen palabras con grupos de tres consonantes. Tomemos la palabra *completar*. El grupo consonántico es *mpl*. ¿Silabificamos *co-mple-tar*, o *com-ple-tar*? Aplicamos de nuevo la misma regla. ¿Es *mpl* un grupo consonántico que podría iniciar palabra? No, ninguna palabra comienza en español con tres consonantes. El grupo *pl* sí puede iniciar una palabra, así que una posible silabificación es *com-ple-tar*. Otra posibilidad es la silabificación con *m* y *p* juntas en la primera sílaba: *comp-le-tar*. Es verdad que *l* puede empezar una palabra; sin embargo no hay sílabas que terminen en un grupo de dos consonantes, a excepción de *ns* y *x* (=ks), en palabras como *cons-tan-cia*, *ex-tra* (=*eks-tra*). Por eso la silabificación correcta para la palabra *completar* es *com-ple-tar*.

EJERCICIO 6.

Indique la silabificación; ponga atención a los grupos de tres consonantes.

Ejemplo: entrar en-trar

1. sombrero	6. intrínseco	11. saldré
2. hombre	7. esdrújula	12. completo
3. destrozar	8. tendremos	13. distraer
4. ejemplo	9. escribir	14. entre
5. comprar	10. complicar	15. instintivo

EJERCICIO 7.

Determine el número de sílabas de las siguientes oraciones. La doble -r (*rr*) y doble -l (*ll*) no deben separarse.

1. Tendremos que escribir una narrativa completa de las aventuras.
2. La palabra esdrújula es un ejemplo intrínseco del caso.
3. Al llegar a México saldremos a comprar una comida sabrosa.

Combinaciones de vocales

Hemos visto la silabificación de palabras simples con sílabas que contienen una sola vocal. Pero hay sílabas que contienen dos o tres vocales. El núcleo vocálico de una sílaba que contiene dos vocales en la misma sílaba se llama **diptongo**, y el nucleo silábico que consta de tres vocales se llama **triptongo**.

En la palabra *pei-ne* la primera sílaba consta de la consonante *p* seguida del diptongo *ei*. El diptongo consta de dos vocales *e, i*. Otro ejemplo es *a-diós*, que consta de dos sílabas. La segunda sílaba comienza con una consonante *d* seguida de un nucleo silábico *io* y terminada en una consonante *s, dios*.

Existen también palabras con dos vocales y sin diptongo. La palabra *leí* es un ejemplo. En esta palabra hay dos sílabas, *le-i*. La segunda sílaba consta de una sola vocal. Nos preguntamos entonces ¿cómo determinamos, si aparecen dos vocales en una palabra si se trata de un diptongo, o si se trata simplemente de dos vocales en sílabas distintas?

La solución de este problema es bastante simple. Normalmente los diptongos tienen que constar de dos elementos: una vocal, que puede ser cualquiera de las cinco vocales (*a, e, i, o, u*) más lo que llamaremos una **semivocal** que tiene que ser representada por las letras *i* o *u* (y a veces *y*, en palabras como *voy, estoy*). Además, para poder participar en el diptongo, esta semivocal *i* o *u* no puede llevar **acento prosódico** (hablado), es decir, tiene que ser una vocal **átona**.

Si tomamos la vocal *a* podemos añadirle la semivocal *i* o *u* formando los diptongos *ai* y *au* de palabras como *aire* y *aula*. Estas palabras constan cada una de dos sílabas *ai-re, au-la*. También podrían preceder a la vocal *a* los dos elementos semivocálicos *i, u*, lo que daría como resultando *ia* o *ua*, en palabras como *ha-cia*, y *cua-der-no*. Así, el elemento semivocálico, que es normalmente el elemento más corto y más débil de los dos del diptongo, puede preceder a la vocal o seguirla. Cuando la precede se le llama técnicamente **semiconsonante** (*cuaderno*), y cuando la sigue se le llama **semivocal** (*causa*).

Veamos un cuadro de los posibles diptongos en español. La semiconsonante precede a la vocal y la semivocal sigue a la vocal.

Semi-consonante	i	e	a	o	u
i	*	bien	hacia	adiós	ciudad
u	cuido	bueno	cuando	cuota	*
Semi-vocal	i	e	a	o	u
i	*	seis	aire	boina	*
u	*	Europa	auto	*	*

Fig. 1.1: Los diptongos del español

Cuando se encuentran dos vocales que no forman diptongo sino que se separan en diferentes sílabas, decimos que las vocales están en **hiato**. Algunos ejemplos con vocales en hiato son *le-í, ca-í, o-í-mos*, etc. En el caso de dos vocales iguales contiguas, *leer, paseemos alcohol*, el hablante puede mantener la separación silábica, *le-er, pa-se-e-mos al-co-ol*, o fundirlas en una sola vocal, *ler, pa-se-mos al-col*. Si se funden, el resultado es normalmente una sola vocal larga. (En este texto por conveniencia siempre mantendremos la silibificación sin fundir dos vocales iguales, *le-er*.)

EJERCICIO 8.

En el siguiente ejercicio, distinga entre los diptongos y las vocales en hiato. Si las dos vocales forman un diptongo, indíquelo juntando las dos vocales en una sola sílaba y marcando el elemento semiconsonántico o semivocálico *i* o *u* con una señal semicircular debajo de estas dos letras: *cau̯-sa*.

Si las dos vocales están en hiato, indíquelo separándolas y poniéndolas en dos sílabas distintas. Recuerde que la letra y al final de palabra representa una semivocal.

Ejemplo: re-í

1. veinte	7. aula	13. oír	19. hacia
2. baúl	8. aire	14. puente	20. día
3. automático	9. también	15. peine	21. Dios
4. boina	10. muy	16. Europa	22. María
5. cual	11. cuidado	17. ciudad	23. suelo
6. aún	12. hacía	18. teatro	24. suave

En algunas palabras existe la posibilidad de encontrar un grupo de tres vocales una sola sílaba. Esto es lo que llamamos un triptongo. Los triptongos son poco comunes en español. Un ejemplo es *buey*. Se dan principalmente en la terminación de la segunda persona del plural de las verbos, es decir, en las formas que se acompañan del pronombre *vosotros*. Ejemplos son: *estudiáis, averiguáis*, etc.

EJERCICIO 9.

Indique la silabificación en las siguientes palabras poniendo atención en la separación correcta de los grupos consonánticos y en la identificación de los diptongos y de las vocales en hiato.

1. principio	7. diálogo	13. fonética	19. producción
2. espero	8. instructor	14. caudillo	20. manzana
3. andar	9. estampilla	15. intentado	21. oír
4. buey	10. ejercicio	16. diptongo	22. mandíbula
5. esdrújula	11. espejo	17. inspector	23. lengua
6. había	12. soy	18. atención	24. automóvil

En esta sección hemos descrito la formación de diptongos dentro de una palabra, (*ai-re*, por ejemplo). Sin embargo, existe también la posibilidad de que se formen diptongos entre dos palabras; *su amigo* puede pronunciarse *su-a-mi-go* con cuatro sílabas o *sua-mi-go* con tres. Esta última silabificación se da en el habla más rápida y familiar.

CAPITULO 2

Fonética Articulatoria: Las Vocales

Una **vocal** es un sonido que se produce cuando pasa el aire de los pulmones a la laringe y luego por la boca (o por la nariz y la boca) sin ninguna obstrucción audible con la excepción de las vibraciones de las cuerdas vocales. Normalmente, si existe alguna obstrucción o alguna parada del aire, el resultado es una **consonante.**

Las diferentes vocales se producen de acuerdo con un cambio en la posición de la boca, los labios, y la lengua, produciendo así diferentes **calidades vocálicas (timbre).** Por ejemplo, el sonido [a] (usamos los corchetes, [ ], para indicar que se trata del sonido y no de la letra) en palabras como *esa*, se produce con la lengua en una posición baja en la boca, y la boca misma se mantiene en una posición muy abierta. La vocal [i] de *piso*, se produce, en cambio, con la lengua en una posición alta, es decir, con la lengua muy cerca del paladar y la boca en una posición cerrada. Los cinco sonidos vocálicos españoles más importantes son [i] de *piso*, [e] de *peso* [a] de *paso*, [o] de *pozo*, y [u] de *puso*. Estas vocales varían unas respecto a las otras en su calidad vocálica o timbre. Veremos en seguida que podemos describir y clasificar estas vocales según las distintas posiciones de los órganos articulatorios en la boca. Sin embargo, hay que tener en cuenta que los cambios en la posición de la lengua para producir las vocales, no crean un verdadero obstáculo para la corriente de aire procedente de la laringe.

Veamos primero una clasificación muy simplificada de las cinco vocales en relación con la posición de la lengua. Las vocales que se pronuncian con la lengua en una posición relativamente alta en la boca, es decir, con la lengua cerca del paladar, se llaman vocales **cerradas** o **altas**: la [i] de *piso* y la [u] de *puso* son vocales cerradas (altas). Si la boca está en una posición muy abierta y la lengua está muy baja, la vocal es **abierta** o **baja.** La vocal [a] de *casa* es una vocal abierta (baja). Las vocales [e] de *peso* y [o] de *pozo* se producen con la lengua en una posición intermedia entre alta y baja y se llaman vocales **medias.**

También podemos describir la articulación de las vocales según la posición de la lengua en la boca en un plano horizontal. En la producción de las vocales [i] y [e] la lengua está en una posición más avanzada que en la producción de [u] y [o]. Así, [i] y [e] se donominan vocales **anteriores**, mientras que [u] y [o] son vocales **posteriores**. En la producción de la [a] la lengua está en una posición **central** (ni anterior ni posterior).

Otro criterio es la posición de los labios. Las dos vocales anteriores [i] y [e] se forman con los labio **estirados**, como en una sonrisa. Las vocales [u] y [o], en cambio, se producen con los labios en posición **redondeada**. La posición de los labios al pronunciar la [a] es **neutra**.

Con estos términos (cerrada, media, abierta, anterior, central, posterior, estirada, neutra, redondeada) podemos hacer una clasificación de la posición de la lengua y los labios en la producción de los cinco sonidos vocálicos del español. Véamoslos en un esquema clasificatorio en la figura 2.1.

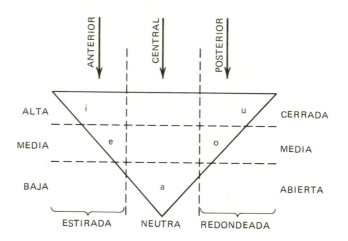

Fig. 2.1: El triángulo vocálico

En las cinco figuras siguientes se ilustra la relación que existe entre la posición de la lengua y el triángulo vocálico. La linea ∾ indica vibraciones de las cuerdas vocales y el círculo, la redondez de los labios.

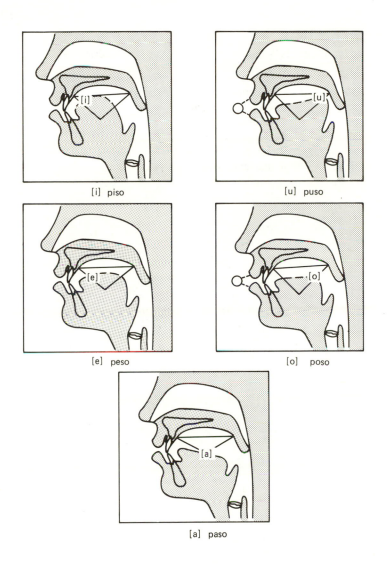

[i] piso

[u] puso

[e] peso

[o] poso

[a] paso

Fig. 2.2: La articulación de las vocales en español

EJERCICIO 1.

Identifique la posición de la lengua y de los labios en la producción de cada una de las vocales en las siguientes palabras.

Ejemplo: eje [e]   vocal anterior media estirada

1. Ana
2. Mimí
3. Lulú
4. bebé
5. Rodolfo

6. inoportunamente
7. antediluviano
8. indumentario
9. infortunadamente
10. universalismo

CAPITULO 3

Características Generales de las Vocales en Español

Las vocales del español son, generalmente, muy estables; la variación en su pronunciación, sobre todo al compararla con la de las consonantes, no es muy grande. Al producirse, toda la boca se mantiene en una posición tensa. Tampoco hay mucha variación en su duración: todas suelen tener más o menos la misma duración. Esta duración es poca en comparación con las vocales largas de muchos otros idiomas. Por supuesto hay ocasiones en las que prolongamos más la vocal de alguna palabra que queremos enfatizar; sin embargo, por lo general las vocales del español son relativamente cortas.

Hay otras consideraciones que conviene tener en cuenta al pronunciar las vocales en español. En el caso de la vocal [i] y la vocal [e] de *misa* y *mesa* respectivamente, los labios se mantienen en una posición muy estirada. En cambio, al pronunciar las vocales [o] y [u] de *mozo* y *música* la posición de los labios es muy redondeada. La [a] se pronuncia con la boca en posición abierta, pero los labios no se alargan ni se redondean sino que se mantienen en una posición más o menos neutra. En inglés en cambio los labios no se estiran ni se redondean tanto como en español. Por ejemplo, la diferencia en la posición de los labios del anglohablante en *sea* y *Sue* no es tan marcada como en la [i] española de *sí* y la [u] de *su*.

También es importante el final de la vocal española: suele ser muy seco y breve. Las cuerdas vocales dejan de vibrar de una manera más o menos abrupta. No se prolonga mucho la vocal ni tampoco hay disminución lenta de la fuera articulatiria, sino que se termina seca y cortamente. En inglés en cambio muchas veces se tiende a prolongar y diptongar una vocal. Compare, por ejemplo, la *ow* del inglés *It's in the window* con la *o* del español *Yo no lo hablo*.

La representación ortográfica de las vocales en español es, con pocas excepciones, muy directa. Hay cinco vocales [a, e, i, o, u] que se representan por las cinco letras *a, e, i, o, u,* respectivamente. Para las semivocales y semiconsonantes existen ciertas variaciones que examinaremos más adelante. La palabra *y* se escribe con la letra *y* a pesar de que el sonido es una vocal [i] (por ejemplo, en *tíos y tías*).

EJERCICIO 1.

En el siguiente ejercicio, ponga mucha atención al pronunciar las vocales [a, e, i, o, u]; manténgalas muy tensas, muy cortas, y fíjese bien en la posición de los labios: estirados con [i, e] y redondeados con [u, o].

Monosílabas

1. mí	6. sí	11. con	16. van
2. se	7. te	12. sin	17. ver
3. la	8. va	13. han	18. pan
4. no	9. lo	14. por	19. tan
5. tu	10. su	15. son	20. fin

Dos sílabas

1. fama	6. mono	11. bese	16. parte
2. musa	7. dime	12. beso	17. cine
3. tina	8. diga	13. puso	18. Paco
4. mira	9. mango	14. tuya	19. taco
5. misa	10. pluma	15. habla	20. carne

Tres sílabas

1. sílaba	6. tercera	11. típico	16. médico
2. público	7. directo	12. romance	17. camina
3. termina	8. comida	13. cantante	18. sincero
4. hermano	9. catorce	14. frescura	19. lágrima
5. suplico	10. describa	15. hospital	20. castillo

Mixtos

1. divertido	6. policía	11. interesante	16. peligroso
2. fantástico	7. elementos	12. oportunidad	17. necesario
3. últimamente	8. naturaleza	13. desafortunadamente	18. completamente
4. república	9. imposible	14. originalmente	19. hablante
5. bombero	10. apetito	15. capítulo	20. profesor

EJERCICIO 2

En una conversación con un compañero, describa un día típico en su vida. Ponga especial atención en pronunciar bien las vocales [a, e, i, o, u] muy tensas y cortas, con la redondez correcta de los labios.

EJERCICIO 3

Lea los siguientes párrafos en voz alta poniendo mucha atención en la claridad de las vocales.

LOS REFRANES Y LOS DICHOS POPULARES

El mundo de habla española tiene cantidad de refranes y dichos populares. Estos dichos representan el sentir común de una verdad basada en la experiencia del pueblo hispánico. Con frecuencia aparecen en la letra de las canciones o en la literatura de una nación. Los refranes suelen revelar pequeños detalles o aspectos de la personalidad de un pueblo.

Una inesperada idiosincrasia española se manifiesta en la gran variedad humorística y en las contradicciones entre estos refranes. No hace falta un estudio detenido para reconocer que el humor y la inteligencia del pueblo hispánico radican en gran parte en sus refranes.

EJERCICIO 4.

Lea los siguientes refranes en voz viva, poniendo atención en la claridad de las vocales.

1. A buena hambre, no hay pan duro.
2. Lo poco agrada, lo mucho enfada.
3. A palabras necias, oídos sordos
4. Cada uno sabe donde le aprieta el zapato.
5. En boca cerrada, no entran moscas.
6. Una golondrina no hace verano.
7. Aunque la mona se vista de seda, mona se queda.
8. Ojos que no ven, corazón que no siente.
9. Perro que ladra no muerde.
10. No hay mal que por bien no venga.
11. No hay mal que cien años dure.
12. Lo barato cuesta caro.
13. De tal palo, tal astilla.
14. Del dicho al hecho hay gran trecho.
15. Cortesía de boca, mucho vale y poco cuesta.
16. Voy despacio porque tengo prisa.
17. De músico, poeta y loco todos tenemos un poco.

CAPITULO 4
Las Vocales Átonas y el Ritmo

El acento prosódico

La sílaba en español puede ser **átona** o **tónica**. Si es tónica lleva el acento **prosódico** (hablado); las sílabas átonas, en cambio, no lo llevan. El acento prosódico consiste en poner el énfasis en la sílaba tónica, es decir, se da una mayor fuerza articulatoria, con el resultado de que esta sílaba es la que se destaca auditivamente. Por regla general, cada palabra en español contiene una sola sílaba tónica, y si es una palabra relativamente larga, varias sílabas átonas. La identificación de la sílaba tónica del español es importante porque en este idioma hay pares de palabras que son distintas solamente por la posición del acento prosódico. Por ejemplo, en la palabra *hablo* es la primera sílaba *ha* la que es la tónica, y en la palabra *habló* es la segunda sílaba *bló* la que es la tónica. Las dos palabras se distinguen auditivamente por el lugar del acento prosódico.

EJERCICIO 1.

En el siguiente ejercicio, pronuncie las palabras en voz alta poniendo atención en la pronunciación correcta de las vocales, e identifique las sílabas átonas (sin acento hablado) y las sílabas tónicas (con acento hablado).

Ejemplo: mañana   ña tónica; *ma, na* átonas

1. patata	7. trabajo	13. sobrino
2. español	8. divertido	14. oportunidad
3. primero	9. amigo	15. hijo
4. oficina	10. presidente	16. fatal
5. hermano	11. hablar	17. carpintero
6. librero	12. importante	18. banana

Duración

Al comparar la pronunciación de las sílabas átonas con las tónicas, notamos que su **duración** es casi idéntica. Las vocales tónicas normalmente no se alargan y las vocales átonas, aunque no llevan el fuerte acento prosódico, no se reducen; se mantiene una duración más o menos igual en todas las sílabas. En inglés, en cambio, las sílabas tónicas se alargan mucho y las átonas se reducen considerablemente. La palabra *consideración*, por ejemplo, se silabifica de la siguiente manera: *con-si-de-ra-ción*. La sílaba tónica es *ción* y se le da más intensidad, pero no se prolonga mucho más que las otras *con, si, de, ra*. La palabra inglesa *consideration*, en cambio, muestra un patrón de acentuación muy distinto. Hay dos sílabas que llevan acento y tres que son casi átonas *con-sí-de-rá-tion*. Muchas veces, estas sílabas átonas son tan cortas y relajadas en inglés que el sonido es muy difícil de identificar. Lo que se oye en estas sílabas *con, de, tion* es una vocal muy relajada, muy corta, pronunciada con la lengua en una posición media y central. A esta vocal la llamamos **schwa** usando el término lingüístico. La *schwa* aparece en la mayoría de las sílabas átonas del inglés y se asocia con una variedad de letras ortográficas.

EJERCICIO 2.

En la siguientes palabras del inglés, indique la sílaba tónica con un acento ortográfico y subraye la sílaba átona que demuestra reducción vocálica en inglés (schwa).

Ejemplo: pejórative

1. America	6. monotonous	11. elevator
2. personal	7. normative	12. operator
3. development	8. consonant	13. economics
4. telephone	9. mechanism	14. individual
5. Florida	10. intelligence	15. collective

La reducción vocálica a un sonido muy relajado, corto, central, medio, o sea el sonido *schwa*, no existe en español. Las vocales átonas siempre mantienen su timbre y se distinguen claramente las unas de las otras. Por ejemplo, las sílabas átonas de las palabras de la siguiente lista no se reducen y se mantienen diferentes en el habla de todos los hispanohabanté: *paso, pasa, pase*; o *pesó, pasó, posó, pisó*.

En resumen, hay que poner mucha atención en mantener la calidad de la vocal átona española para que la reducción vocálica y el uso de la *schwa* del ingles no se contagien al español. Este peligro es paticularmente grave en las palabras del español que terminan en *a* átona, como *una, bonita, muchacha, cariñosa, coma*, etc.

EJERCICIO 3.

Lea las siguientes palabras en voz alta poniendo atención especial en (1) mantener igual duración en las sílabas átonas y tónicas; (2) no reducir la vocal átona; y (3) no transferir el sonido *schwa* del inglés.

1. hermano	6. Guadalajara	11. delicioso
2. hermana	7. particularmente	12. lingüística
3. corbata	8. interesante	13. teléfono
4. durante	9. Africa	14. principio
5. ejercicio	10. América	15. diferente

EJERCICIO 4

Pronuncie las siguientes palabras y ponga atención a las sílabas átonas. No use el sonido reducido átono *schwa* del inglés. Preste atención particular a la pronunciación de la *a* átona final.

1. chica	8. días	15. trabaje	22. estudia
2. hermosa	9. semana	16. hermosa	23. linda
3. lástima	10. periódico	17. bonita	24. escuela
4. teléfono	11. sílaba	18. mesa	25. esa
5. buenas	12. ese	19. camisa	26. muchacha
6. interesante	13. casa	20. fonética	27. camisa
7. música	14. estudie	21. trabaja	28. lentamente

EJERCICIO 5

Cuéntele a un compañero de algún viaje que le gustó. Fíjese bien en no usar una vocal reducida en las sílabas átonas.

Ritmo

El **ritmo** del español se deriva de las características de la pronunciación de las sílabas y se basa en la sílaba misma. Las sílabas tienen, aproximadamente, igual duración. Por eso la duración de la oración se basa directamente en el número de sílabas que contiene. Si la comparamos con una oración con mayor número de sílabas, esta oración siempre tardará más en pronunciarse que una oración de menor número de sílabas. Por ejemplo: *Ellos fueron al cine ayer* contiene nueve sílabas; y *Aquí está mi casa* tiene siete. Al pronunciar la primera oración se tarda más que al pronunciar la segunda.

En inglés la base del ritmo es diferente. En este idioma lo que más importa para determinar el ritmo de la oración es la alternancia de las sílabas tónicas o semitónicas y las átonas. Esta alternancia se nota en palabras como *detérmination, commémorátion* y también ocurre en una oración: *He's góing to gó with yóu to the móvies.* En inglés la duración de una oración no depende directamente del número total de sílabas, sino del número de sílabas tónicas. Mientras más sílabas tónicas contiene una oración inglesa, más larga será.

Comparemos las dos oraciones siguientes:

> *Hé wánts to bé a dóctor.*
> *Hé's convínced hé's a magícian.*

En la primera hay cuatro sílabas tónicas e igual número en la segunda. La primera oración contiene siete sílabas en total mientras que la segunda tiene ocho. Sin embargo, la duración de las dos frases es más o menos igual porque contienen igual número de sílabas tónicas.

   Al ritmo en español lo llamamos **ritmo silábico**; el del inglés se denomina **ritmo acentual**. Los hábitos de ese ritmo acentual se manifiestan en la pronunciación de muchos estudiantes de habla inglesa al aprender español. Se les nota la tendencia a prolongar la sílaba tónica y reducir la átona para crear una serie de acentos tónicos alternando con las vocales átonas como en el inglés. Por ejemplo en la oración *Fue indiscutiblemente delicioso*, el estudiante trata a veces de crear una alternacia tónica-átona prolongando y acentuando las sílabas tónicas: *in-dís-cu-tí-ble-mén-te de-lí-ci-ó-so.*

EJERCICIO 6.

   Pronuncie las sílabas tónicas y átonas de las siguientes palabras con igual duración. No prolongue las tónicas ni reduzca las átonas. Mantenga un ritmo silábico.

1. indispensable	6. anatómico	11. intensidad	16. anterioridad
2. interesado	7. calificativo	12. atómico	17. universalidad
3. entonación	8. entusiasmadísimo	13. posibilidades	18. precipitadamente
4. conocidísimo	9. tranquilamente	14. equivalente	19. amplificación
5. antisociológico	10. unificación	15. hipotético	20. polifacético

EJERCICIO 7.

   Lea los siguientes versos en voz alta fijándose en mantener el ritmo silábico.

----

   1. *En este mundo traidor*
   nada es verdad ni es mentira
   Todo es según el color
   Del cristal con que se mira.
                          Campoamor

   2. *Juventud divino tesoro*
   Que te vas para no volver
   Cuando quiero llorar no lloro
   Y a veces lloro sin querer.
                          Rubén Darío

Adivinanzas con ritmo

1. Lana sube y lana baja.
   Sabe la respuesta el que la trabaja.
   ¿Qué es? —la navaja
2. Oro no es, plata no es.
   ¿Qué es? —el plátano
3. Yo loco loco y ella loquita.
   ¿Que es? —el candado
4. Agua pasa por mi casa,
   cate de mi corazón.
   ¿Qué es? —el aguacate
5. El tren se parece a la manzana. ¿Por qué? —no espera
6. El preso se parece a un gabán. ¿Por qué? —no escapa
7. El decir te la digo es nombrarla y sin embargo te la
   digo y no entiendes. ¿Qué es? —la tela
8. Ve la vieja larga y seca que le escurre la manteca. ¿Qué es? —la vela

Frases rítmicas (con música del verso de *La Cucaracha*)

1. Una cosa que da risa
2. Pancho Villa sin camisa
3. Ya se van los Carrancistas
4. Porque vienen los Villistas.

5. Una vieja y un viejito
6. se cayeron en un pozo
7. Y le dice la viejita
8. Que viejito tan sabroso.

9. La vecina de enfrente
10. me robó mi gallo fino
11. porque se estaba comiendo
12. la semilla del pepino.

Comercial de la televisión mexicana

Estaban los tomatitos
muy contentitos
cuando llegó el verdugo
a hacerlos jugo.
¡Qué me importa la muerte!
dicen en coro
si muero con decoro
en las botellas
Del Fuerte.

EJERCICIO 8.

Cuéntele a un compañero sus planes para el verano. Fíjese bien en la buena pronunciación de las vocales (cortas y tensas) y en mantener el ritmo silábico.

CAPITULO 5

Fonética Articulatoria:
Las Consonantes

En la producción de una consonante, la salida del aire de los pulmones, es interrumpida y modificada por algún obstáculo, generalmente la lengua, aunque también, en ocasiones, intervienen los labios. Para describir los sonidos que se producen por medio de un obstáculo es necesario clasificar y describir la intervención de los órganos que se usan para producir dicha obstrucción.

En el siguiente diagrama ilustramos los órganos y las cavidades más importantes en la articulación de los sonidos.

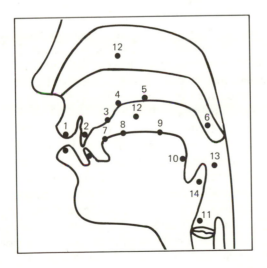

Fig. 5.1: Los órganos y las cavidades que intervienen en la articulación

1. labios
2. dientes
3. alvéolos, región alveolar
4. región alveopalatal
5. paladar, región palatal
6. velo, región velar
7. ápice de la lengua

8. predorso de la lengua
9. dorso de la lengua
10. postdorso de la lengua
11. laringe con cuerdas vocales
12. cavidades: nasal y oral
13. faringe
14. epiglotis

Los labios (1) funcionan con las vocales, redondeándose para [o] y [u] y estirándose en forma de sonrisa para [i] y [e]. El labio inferior también hace contacto con los dientes superiores (2) en la articulación de la [f] de *frente*. El contacto directo de los dos labios forma los sonidos como [m] de *mamá*, [p] de *papá*, y [b] de *ambos*. Los dientes superiores (2) entran en contacto con el ápice de la lengua (7) al hacer sonidos como la [t] de *tanto* y la [d] de *ando*. En las encías alveolares (3) toca el ápice de la lengua (7) para producir sonidos como la [n] de *nada*, la [l] de *Lola*, la [r] de *caro* y la [r̄] de *carro*. El sonido [s], de *sopa*, también es alveolar, pero generalmente se articula en América mediante contacto con el predorso (8) de la lengua y no con el ápice como en los casos de [n], [l], [r], y[r̄]. Al articular la [s] predorso-alveolar, el ápice de la lengua (1) suele estar apoyado contra los dientes inferiores (2). En el paladar duro (5) hay una aproximación del predorso (8) de la lengua al pronunciar el sonido [ñ] de *niño* o [y] de *mayo*. La región que aparece entre las encías alveolares y el paladar duro propio se donomina la región alveopalatal (4) y figura en la pronunciación del sonido [č] de *chico, muchacho*. El velo del paladar (6) es flexible y abre o cierra el paso a la cavidad nasal (12). En este punto se da la articulación de los sonidos velares, usándose el postdorso de la lengua (10) contra esta región velar (6) para producir sonidos como la [g] de *tengo*, la [k] de *cana*, y la jota (usamos el símbolo fonético [x]) de *jaula*.

La laringe alberga las cuerdas vocales (11), donde se produce la **sonoridad** que siempre acompaña a todas las vocales y a muchas de las consonantes. En nuestra simbolización, la línea recta dentro de la laringe indica que no hay vibración de las cuerdas vocales. La curvilínea indica que el sonido representado es sonoro, es decir, que las cuerdas vocales están en vibración. Volveremos a estudiar este tema con detalle más adelante.

La cavidad nasal (12) es importante en la producción de los sonidos cuando el velo del paladar (6) se abre y deja pasar la columna del aire en vibración a través de la nariz. De esta manera se producen los sonidos llamados nasales, como la [m] de *mamá*, la [n] de *nada*, y la [ñ] de *caña*.

En la cavidad oral (12), vibra la columna de aire que viene desde la laringe, cuando se articulen todos los sonidos que no son nasales. Los sonidos orales se produce con cierre de la cavidad nasal (12) por medio del velo del paladar

(6). El órgano (14) es la epiglotis, que protege la laringe (13) tapándola cuando se traga para que pase comida o bebida al esófago y no a los tubos bronquiales que conducen el aire a los pulmones.

EJERCICIO 1.

Localice en el siguiente esquema los articuladores o puntos de articulación enumerados abajo.

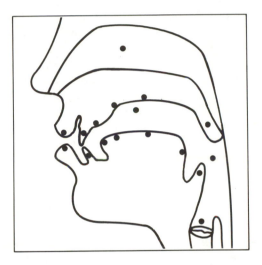

1. laringe con cuerdas vocales
2. velo, región velar
3. ápice de la lengua
4. alveolos, región alveolar
5. dorso de la lengua
6. faringe
7. dientes

8. epiglotis
9. cavidades: nasal, oral
10. postdorso de la lengua
11. paladar, región palatal
12. predorso de la lengua
13. región alveopalatal
14. labios

Punto de articulación

Nos basaremos en la descripción de los órganos de articulación para efectuar una clasificación articulatoria según el **punto de articulación** de algunos de los sonidos consonánticos del español. Con el término punto de articulación nos referimos a la zona donde se realiza el contacto entre los diferentes órganos de la boca, o los labios, para de este modo interrumpir y modificar la salida del aire. Por ejemplo, al articular la consonante [t], el ápice de la lengua hace contacto con los dientes superiores y el sonido se clasifica como dental. Por ahora, basta destacar siete zonas de articulación. Por el momento nos limitaremos a un solo ejemplo de un sonido producido en cada zona; mas adelante presentaremos un tratamiento más detallado.

En la producción de un sonido **bilabial** se usan los dos labios: la [p] de *poco* es bilabial. Un sonido **labiodental** se produce cuando el labio inferior se acerca a los dientes superiores: la [f] de *frente* es un sonido labiodental. El sonido **dental** se produce con la lengua contra los dientes superiores: la [t] de *todo* es dental. Un sonido **alveolar** se produce cuando una parte de la lengua toca la región que está inmediatemente detrás de los dientes, los alvéolos: la [s] de *sólo* es un sonido alveolar. Los sonidos **alveopalatales** se pronuncian en la región que está inmediatemente detrás de los alvéolos, es decir, se trata de un sonido parcialmente alveolar y parcialmente palatal: la [č], ortográficamente, *ch* como en *chico*, es un sonido alveopalatal. Al sonido producido en la región del paladar duro se le llama **palatal**: la [ñ] de *niño* es un sonido palatal. Un sonido **velar** se pronuncia en la parte posterior de la boca, con el dorso de la lengua elevado, acercándose o tocando el velo del paladar, es decir, el paladar blando: la [k] de *casa* es un sonido velar.

El modo de articulación

El segundo parámetro que usaremos en la descripción de la articulación de un sonido es el **modo** de articulación.

Distinguiremos primeramente entre los sonidos **nasales** y los sonidos **orales**. Los sonidos nasales se producen cuando el velo del paladar está en una posición tal que el aire pasa también por la cavidad nasal. Los sonidos orales, en cambio, se producen cuando el velo está en una posición que cierra la cavidad nasal y toda la fuerza del aire de los pulmones sale por la boca. Son tres los sonidos nasales principales del español: el sonido nasal pronunciado con los dos labios cerrados, o sea, bilabial, [m] de *madre*; el sonido nasal pronunciado con el ápice de la lengua contra los alvéolos, o sea, alveolar, /n/ de *nada*; y el sonido nasal pronunciado con el dorso de la lengua contra el paladar duro, o sea, palatal, [ñ] de niño. Todas las demás consonantes del español son consonantes orales. En la producción de los sonidos nasales, el velo del paladar se abre de manera que el aire salga por la cavidad nasal. El punto de articulación se forma con los labios en el caso de [m] o con la lengua en el caso de [n] y [ñ], pero este punto solo obstaculiza el aire provocando la salida por la cavidad nasal.

Otra clasificación por el modo de articulación se basa en un rasgo llamado lateralización. Con este término nos referimos a la manera en que pasa el aire a través de la lengua. Un sonido **lateral** es un sonido en cuya articulación el aire sale por los lados de la lengua, es decir, lateralmente. El sonido lateral más importante del español es el sonido [l] que se produce, por lo general, elevando el ápice de la lengua contra los alvéolos o los dientes, en palabras como *lana, loco* y *lavar*.

Las *eres* del español, [r] simple de *pero* y [r̄] múltiple de *perro*, son sonidos **vibrantes** porque se articulan con una o más vibraciones rápidas de la lengua contra los alvéolos. En el caso de un solo toque de la lengua, en *cara*, por ejemplo, la ere es **simple**. En palabras como *carro*, con una serie de toques fundidos, la erre es **multiple**. Los vibrantes del español son normalmente sonidos alveolares o alveopalatales.

Un sonido **oclusivo** es un sonido que se produce cuando en algún punto de la articulación del sonido el aire queda totalmente obstruido, es decir, en algún punto del proceso de articulación se produce una oclusión total por el acercamiento de los órganos de articulación. En la producción del sonido [p] de *polo*, una oclusiva bilabial, la oclusión es producto del contacto de los dos labios. En el sonido [t] de *taza*, un sonido oclusivo dental, la oclusión es producida por el contacto del ápice de la lengua contra los dientes superiores. El sonido [k] de *cama*, un sonido oclusivo velar, se produce cuando el dorso de la lengua toca el velo del paladar. Así pues, los sonidos [p], [t] y [k], bilabial, dental y velar, respectivamente, son oclusivos.

Un sonido **fricativo** posee un grado intermedio de apertura entre un sonido oclusivo y una vocal. En vez de producirse con una oclusión total, en el caso de los sonidos fricativos tan solo hay un cierre parcial por el cual sigue escapándose el aire. Ello desemboca normalmente en una fricción audible durante la articulación del sonido. El sonido [f] de *farol* es un sonido fricativo labiodental que se produce por medio del acercamiento del labio inferior contra los dientes superiores. El fricativo alveolar [s] de *sopa* se produce con una fricción considerable, resultado del acercamiento del predorso de la lengua contra los alvéolos. El sonido fricativo velar [x] de *jefe* se produce por medio del acercamiento del postdorso de la lengua al velo del paladar.

La articulación de los sonidos de las letras *b, v, d, ll, y,* y *g* es muy variable. A veces es oclusiva, pero, normalmente, los sonidos que corresponden a estas letras se pronuncian evitando la oclusión total. Por ejemplo, en *cava* los labios se acercan pero el aire sigue escapándose y el resultado es una fricativa bilabial [b̶] y a pesar de la diferencia ortográfica entre *b* y *v*, la *b* de *cabo* se pronuncia con el mismo sonido [b̶] que la *v* de *cava*. En *cada*, el ápice de la lengua se acerca a los dientes pero no hay ningún momento de oclusión total. Usamos el símbolo [d̶] para este sonido. Igual sucede con *mayo* y *haga* en sus respectivas pronunciaciones palatal [y̶] y velar [g̶]. Usamos la barra en estos cuatro símbolos para destacar la falta de oclusión. En algunas ocasiones cerramos totalmente el paso del aire y producimos une oclusión: [b] (*también*), [b] (*invitación*), [d] (*bailando*), [ŷ] (*inyección*), [g] (*tango*), pero son casos menos comunes. Por su alta frecuencia consideramos la pro nunciación fricativa, es decir, aquélla en que se evita la oclusión, como la básica y la más normal de las letras *b, v, d, y,* y *g.* Llamaremos tanto a [f], [s] y [x] como a las pronunciaciones suaves de *b, v,* [ƀ], *d,* [đ], *ll, y,* [ɏ] y *g,* [ǥ] **fricativas**; sin embargo debe recordarse que el nivel de fricción audible puede variar mucho. En el caso de la [s], la fricción causada por el acercamiento de la lengua contra los alvéolos es relativamente fuerte. En la articulación de la [f] hay menos fricción, pero sigue siendo audible. La jota [x] es generalmente mucha más suave que estos otros sonidos fricativos, [s] o [f]. En el caso de la pronunciación de [ƀ], [đ], [ǥ], y sobre todo [ɏ], la fricción es muy reducida y destaca poco excepto en los casos de pronunciación lenta o enfática. Algunos prefieren llamar a estos sonidos **aproximantes** o **continuos**, términos que tal vez sean más apropiados que fricativo. Sin embargo por costumbre seguiremos usando el término fricativo. Las reglas que explican el uso y distribución de las fricativas suaves [ƀ, đ, ɏ, ǥ] y sus correspondencias oclusivas [b, d, ŷ, g] se explicarán con detalle en el capítulo 10.

Un sonido **africado** representa la combinación de un sonido oclusivo y un sonido fricativo, porque al iniciarse hay un momento de oclusión completa pero termina con cierta fricción. El sonido africado más común del español es el sonido pronunciado con el dorso de la lengua apoyado contra la región que está entre los alvéolos y el paladar duro, o sea el sonido, alveopalatal [č] de *chico, muchacho.* El sonido cuyo símbolo es [ŷ] es también africado y representa una pronunciación enfática de la *y* y la *ll* iniciales en *yo, llueve.*

Las consonantes oclusivas, fricativas y africadas se clasifican como **obstruyentes**. Las consonantes nasales, laterales y vibrantes son **sonantes**.

En resumen, aunque no hemos clasificado todos los sonidos consonánticos usados por los hablantes nativos del español, hemos visto seis formas principales de producción: sonidos oclusivos, fricativos, africados, laterales, vibrantes y nasales. Existen además siete zonas de articulación: bilabial, labiodental, dental, alveolar, alveopalatal, palatal y velar.

EJERCICIO 2.

Trate de entender la razón por la que usamos la terminalogía anterior sin memorizar directamente la clasificación de los sonidos nombrados. Pronuncie el sonido subrayado de cada una de las siguientes palabras y averigüe la zona de articulación por medio de su propia introspección. Después de cada intento vuelva a leer las partes pertinentes de los párrafos anteriores para revisar su respuesta.

Ejemplo: nada   [n]   alveolar

1. fuerte	[f]	6. dando	[d]	11. caber	[b̶]	16. hacer	[s]
2. lana	[l]	7. Pepe	[p]	12. águila	[g̶]	17. México	[x]
3. cayó	[y̶]	8. Chucho	[č]	13. cine	[s]	18. cada	[d̶]
4. coco	[k]	9. sí	[s]	14. mamá	[m]	19. llorar	[y̶]
5. nada	[n]	10. Tito	[t]	15. uña	[ñ]	20. gente	[x]

EJERCICIO 3

En el siguiente ejercicio identifique el modo y el lugar de articulación de los sonidos indicados en las siguientes palabras.

Ejemplo: Pedro   [p]   Es un sonido oclusivo bilabial. Oclusivo porque hay oclusión total que impide la salida del aire; bilabial porque intervienen los dos labios.

1. costa	[k]	6. baño	[ñ]	11. líder	[l]	16. haber	[b̶]
2. nosotros	[n]	7. todo	[t]	12. carro	[r̄]	17. manda	[d]
3. sal	[s]	8. chico	[č]	13. pero	[r]	18. bomba	[b]
4. papel	[p]	9. Xavier	[x]	14. nada	[d̶]	19. tango	[g]
5. madre	[m]	10. fino	[f]	15. haga	[g̶]	20. ajo	[x]

Sonoridad

En la producción de cada sonido pueden intervenir las cuerdas vocales. Si entran éstas en vibración, decimos que el sonido es **sonoro**. Si no vibran las cuerdas vocales, decimos que el sonido es **sordo**.

En español, y normalmente en todas las lenguas del mundo, el sonido de la vocal es sonoro. Al producir una vocal entran en vibración las cuerdas vocales mientras la lengua y los labios toman la posición característica del sonido vocálico producido. La mayoría de las consonantes también son sonoras. Los sonidos nasales [m] [n] o [ñ], los vibrantes [r] y [r̄] y el lateral [l] son normalmente sonoros y por eso los llamamos **sonantes**.

EJERCICIO 4.

Diga si vibran o no las cuerdas vocales en la articulación de los sonidos indicados en las siguientes palabras. Tenga cuidado de no producir también una vocal con el sonido consonántico porque las vocales son siempre sonoras y pueden crear confusión contagiando su sonoridad a las consonantes.

Ejemplo: noche   [n] sonoro, [č] sordo

1. pasa	[p]	6. carro	[r̄]	11. haga	[g̶]	16. zorro	[s]
2. tasa	[t]	7. nado	[n]	12. quien	[k]	17. gente	[x]
3. casa	[k]	8. fino	[f]	13. sana	[s]	18. cine	[s]
4. masa	[m]	9. dado	[d̶]	14. chino	[č]	19. cava	[b̶]
5. ambos	[b]	10. lado	[l]	15. jota	[x]	20. mayo	[y̶]

EJERCICIO 5.

Describa la articulación de los sonidos indicados usando los *tres* parámetros siguientes: modo de articulación, punto de aticulación y sonoridad.

Ejemplo: [m] es un sonido nasal, bilabial, sonoro.

De la Sierra Morena Cielito Lindo viene bajando. Un par de ojitos negros
   1 2   3   4   5   6 7 8 9 10   11   12   13 14   15

Cielito Lindo de contrabando.
  16 17   18

CAPITULO 6

El Fonema

En esta capítulo vamos a estudiar un concepto que se desarrolló en la tradición lingüistica en las primeras décadas de este siglo. Es un concepto que ha sido útil en la comprensión y explicación del funcionamiento de los sonidos de los idiomas naturales. Hasta este punto hemos considerado los sonidos del español y del inglés desde el punto de vista de su articulación. Sin embargo, existe otro plano de interés y es la función que tienen estos sonidos dentro del **sistema fonológico** de cada idioma. Pondremos especial énfasis en el concepto de **fonema**.

En este capítulo no intentamos explicar totalmente el funcionamiento del sistema fonológico del español, sino que trataremos más bien de introducir los conceptos básicos para que en los capítulos siguientes podamos hacer uso de ellos a fin de clarificar la función de los sonidos del español y del inglés. Aquí nos limitaremos a presentar algunos ejemplos de forma sencilla; los detalles se discutirán en los capítulos que siguen.

La fonética es la ciencia que estudia la producción, la transmisión y la recepción de los sonidos. En las secciónes precedente vimos que hay un sistema clasificatorio que se usa en la descripción de la articulación de los sonidos. En el habla espontánea hay una infinidad de sonidos diferentes que pueden producirse, pero la mayoría de estas diferencias son tan pequeñas que el oyente no las nota. Otras diferencias son más importantes porque el hablante las utiliza para distinguir una palabra de otra.

Para ejemplificar consideremos la pronunciación de las letras *th* y *d* del inglés. Usando la terminología del capítulo cinco, la *th* de palabras como *then*, *though*, *either*, *father* es una fricativa (porque no se interrupe totalmente en ningún momento la salida del aire de los pulmones), dental (se produce al acercarse el ápice de la lengua contra los dientes), sonora (vibran las cuerdas vocales). Usaremos para representarlo el símbolo [ð]. En cambio la *d* de palabras como *do*, *date*, *donate*, *bad* es un sonido oclusivo (con un momento de parada total del aire), alveolar (se produce al acercarse el ápice de la lengua contra los alvéolos), sonoro: [d]. Así que los dos sonidos son sonoros y se pronuncian en la región dentoalveolar. Aunque uno es normalmente dental y el otro alveolar, esta diferencia es tan pequeña que no nos ayuda a distinguir los dos sonidos. El sonido asociado con las letras *th* es fricativo y el asociado con *d* es oclusivo. Esta diferencia, oclusión vs fricción, sirve para distinguir palabras como *dan, than, laid, lathe, dough, though,* etc. Decimos que la diferencia entre un sonido oclusivo y fricativo en este contexto es **contrastiva** o **distintiva**; en otras palabras, que este rasgo puede señalar por sí solo una diferencia entre dos palabras que de otra manera tendrían una pronunciación idéntica.

En español existen dos sonidos muy semejantes, casi idénticos, a los dos que hemos descrito para el inglés. Pero su función dentro del sistema del español es diferente. Examinemos esta diferencia con detalle. En primer lugar, existe un sonido fricativo, dental, sonoro, casi idéntico al sonido inglés de *th* de *than*. La única diferencia está en que en español se suele articular de forma algo más debil, es decir, la fricción que puede acompañar su articulación es muy suave comparada con la del inglés. Este sonido fricativo suave es la pronunciación normal de la letra *d* en español. Así por ejemplo, palabras como *doy, dentista, dinero* se pronunciarán con un sonido fricativo suave en contextos como: *Le doy el regalo, ella es una dentista buena* y *no tengo mucho dinero.* También la *d* en *nada, cada, ciudad,* se pronuncia siempre suave, con un sonido fricativo y débil. Sin embargo, como hemos dicho, existe también el sonido oclusivo [d] en español y es idéntico al sonido [d] del inglés excepto en que en español es dental y no alveolar. Así pues, la diferencia entre las dos pronunciaciones del español está, principalmente, en que un sonido es oclusivo y el otro es fricativo igual que en inglés. Pero en español la [d] oclusiva puede usarse en las mismas palabras que la fricativa. Por ejemplo, si decimos *un dentista* en vez de *una dentista* o *el dinero* en vez de *mucho dinero,* pronunciaremos automaticamente la letra *d* con un sonido oclusivo [d] y no el fricativo [ḍ]. En inglés, la diferencia entre la oclusiva de *dan* y la fricativa de *than* origina dos palabras distintas pero en español la misma diferencia fonética entre *un dentista*, con [d] oclusiva y *una dentista*, con [ḍ] fricativa, pasa desapercebida. Más aún, la diferencia no causa ningún cambio en el significado de la palabra *dentista* sea cual sea su pronunciación, con sonido oclusivo [d] o fricativo [ḍ] es la misma palabra.

Por el momento no es necesario entrar en detalle en las reglas de pronunciación de la letra *d* en español, es decir, cuando se pronunciará con oclusiva y cuando con fricativa. Este tema lo examinaremos en el capítulo 10. Lo importante es entender que esta diferencia fonética no es usada por el hispanohablante para distinguir palabras mientras que el anglohablante sí la usa para tal fin. Si un hablante no nativo del español se equivoca en su uso y articula, por ejemplo, una oclusiva [d] en vez de la fricativa esperada, [đ], se notará un leve acento un tanto raro pero el significado de la palabra seguirá siendo el mismo. Por ejemplo, si en la palabra *cada*, que se pronuncia normalmente con fricativa [đ], producimos un sonido oclusivo [d], la palabra suena un poco rara, pero sigue siendo la palabra *cada*.

Decimos, entonces, que en inglés la diferencia entre un sonido oclusivo y uno fricativo es **contrastiva** o **distintiva**. En español, esta misma diferencia es **redundante**, es decir, que no tiene la función de distinguir palabras. La diferencia contrastiva entre la oclusiva *d* y la fricativa *th* la representaremos usando los símbolos /d/ de *Dan* y /ð/ de *than*. El uso de la barra oblicua en vez del corchete corresponde a la representación **fonológica** o **fonémica** (frente la representación **fonética**). En este caso, la representación fonética del español es diferente también: [đ] en *una dentista* y [d] en *un dentista*. Pero al representar fonologicamente la palabra *dentista* (en vez de foneticamente) usaremos un solo símbolo entre barras oblicuas puesto que no hay ningún contraste entre [d] y [đ]. Usaremos /d/ por la conveniencia del símbolo, sin que esto implique que el sonido oclusivo sea más importante o más normal que el fricativo.

Así pues tenemos dos **fonemas** en inglés, o sea dos sonidos con función contrastiva /d/ y /ð/, mientras que en español hay solamente uno: /d/. El fonema en español puede realizarse de dos maneras, una oclusiva y la otra fricativa. A estas realizaciones fonéticas las llamamos **alófonos** o **variantes**. Son las manifestaciones en el habla del **fonema**. En este caso, el fonema /d/ del español tiene dos alófonos. Compare el inglés y el español en el siguiente diagrama.

Fig. 6.1: Los alófonos fricativos y oclusivos

Examinemos otro ejemplo: la pronunciación de la letra *p* del inglés. En inglés la letra *p* tiene varias posibilidades de pronunciación según la posición que tenga en la palabra. La pronunciación común es la de un sonido oclusivo bilabial sordo algo relajado. Al formarse la oclusión, en su articulación, la tensión es tan reducida que se escapa aire de la boca, y así el sonido va acompañado de cierta fricción. La fricción del aire escapando de la boca puede verificarse de la siguiente manera. Mantenga un pedazo de papel cerca de los labios. Pronuncie algunas palabras, preferentemente monosilábicas, que comienzan con la letra *p*, como *pin, Pete, peck, pour*. Al pronunciar estas palabras, se moverá el papel por la fuerza del aire que sale entre los dos labios. El aire que acompaña la producción del sonido oclusivo se denomina **aspiración** y el sonido se simboliza con [pʰ].

La letra *p* no se pronuncia siempre con aspiración en inglés. Si seguimos manteniendo el mismo papel en la misma posición, y en vez de emitir la palabra *port*, articulamos la palabra *sport*, veremos que aunque la [s] sí produce escape de aire, la aspiración de la *p* desaparece. El sonido es oclusivo bilabial sordo no aspirado: [p]. Al comparar las dos palabras *port* y *sport*, es obvio que a nivel fonético articulatorio los sonidos son distintos: [p] ≠ [pʰ]. Sin embargo, esta diferencia, aunque muy real fonéticamente, no la usa el anglohablante para formar palabras distintas. En nuestro ejemplo, un anglohablante nunca se fija en la diferencia entre la pronunciación de la [pʰ] de *port* y la [p] de *sport*, a menos que en el primer caso se pronuncie erróneamente sin aspiración, o en el segundo caso se pronuncie erróneamente con aspiración. Así pues, vemos otro caso en que existe una diferencia muy real pero en su interpretación, hay igualdad de dos sonidos distintos. En este caso, como el anterior, decimos que a nivel fonético sí existen dos sonidos distintos; [pʰ] aspirado y [p] no aspirado, pero que a nivel fonológico los dos sonidos son miembros de un solo grupo fonémico para cuya representación usaremos el símbolo /p/.

Fig. 6.2: Las manifestaciones fonéticas del fonema /p/ del inglés

En otros idiomas esta interpretación fonológica no es válida. En esos idiomas el rasgo de aspiración en el caso de la oclusiva bilabial sorda [p] es distintivo. Al contrario de lo que ocurre en inglés, la diferencia sí la percibe cualquier hablante de ese idioma. Es necesario sáber cuáles palabras contienen un sonido aspirado [pʰ] y cuáles no conllevan aspiración, [p]. Como prueba, hay que observar pares mínimos de palabras cuya diferencia semántica dependa totalmente de este único rasgo. Un ejemplo específico es el tailandés, donde [pʰáa] *partir* es una palabra y [páa] *selva* es otra. En este caso no es posible decir que los dos sonidos son iguales a nivel fonológico sino, por el contrario, que son distintos, no solo fonéticamente sino fonológicamente. En otras palabras, no pertenecen al mismo fonema.

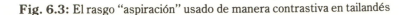

Fig. 6.3: El rasgo "aspiración" usado de manera contrastiva en tailandés

El tercer ejemplo lo tomamos de latín. En el latín había diez vocales distintas. Cinco de ellas eran largas (ā, ē, ī, ō, ū) y cinco eran breves (ă, ĕ, ĭ, ŏ, ŭ). Eran distintas en el sentido de que si el hablante usaba erróneamente una de las diez vocales por otra en una palabra, esto podía cambiar su significado: *os*, con vocal [ŏ] breve, significaba *hueso* y *os*, con vocal [ō] larga, significaba *boca*. Así, para el hablante del latín era muy importante que se diferenciara cuidadosamente entre una vocal corta y una larga para no confundir a su oyente.

Una diferencia articulatoria, en este caso la duración de la vocal, correspondía a una diferencia de interpretación en la mente del hablante. En el español todas las vocales son, normalmente, cortas y en el sistema vocálico hay solamente cinco vocales distintivas. Sin embargo, por énfasis o algún otro motivo el hispanohablante alarga muchas veces la pronunciación de la vocal; por consiguiente, existen fonéticamente en el español vocales largas y vocales cortas como en el latín. En un nivel puramente descriptivo tendríamos que decir que los sonidos vocálicos del latín y del español son casi idénticos. Sin embargo, no es muy satisfactoria esta conclusión ya que a nivel de interpretación, sabemos que la diferencia larga-corta en español no tiene ningún valor distintivo para el significado de la palabra mientras en el latín sí lo tenía. En otras palabras, en español la variación larga-corta de las vocales es una variación puramente **redundante** (en este caso estilístico) mientras en el latín esta variación fue **contrastiva**. En latín se usaba el rasgo de duración en las vocales de manera que dos palabras que en otros aspectos eran totalmente iguales, podían distinguirse; esto nunca ocurre en el español. En español la duración es un rasgo fonético sin posibilidades contrastivas; en cambio, en latín el rasgo de duración con respecto a las vocales es distintivo. El ejemplo del latín *ŏs* "hueso" y *ōs* "boca" prueba que [ŏ] ≠ [ō], y que la diferencia se debe al rasgo distintivo de duración. [ŏ] y [ō], entonces, presentan una diferencia contrastiva, o sea, fonémica: /ŏ/ ≠ /ō/.

La diferencia entre el sonido [a] y el sonido [e] en español es distintiva y contrastiva como lo prueba el **par mínimo** de *mesa / masa*. Decimos entonces que estos dos sonidos no son miembros de un solo fonema, sino que pertenecen a diferentes fonemas /a/ ≠ /e/. En cambio, la [ă] corta y la [ā] larga del español pertenecen al mismo fonema simplemente porque no forman un par mínimo en el que, a causa del cambio de una [ă] corta a una [ā] larga, resultaría una palabra distinta. Por lo tanto la [ā] larga y la [ă] corta son miembros de un mismo fonema que simbolizamos con /a/.

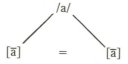

Fig. 6.4: Las manifestaciones fonéticas de la /a/ en español

En latín, en cambio, la diferencia sí es contrastiva y por eso tienen que agruparse en dos fonemas distintos.

Fig. 6.5: El contraste /ă/ ≠ /ā/ en latín

En los ejemplos que hemos discutido, el fonema, una representación abstracta de un grupo de sonidos, se manifiesta fonéticamente por medio de sonidos. Es decir, al pronunciar una palabra no pronunciamos fonemas sino que pronunciamos sonidos reales pertenecientes a uno u otro fonema determinado. No pronunciamos el fonema /a/ en español, sino que pronunciamos un sonido [a] que es una **manifestación fonética** del fonema /a/. No pronunciamos en inglés el fonema /p/, sino que pronunciamos un sonido que es un miembro del grupo fonémico /p/. En este caso puede ser una [pʰ] aspirada o una [p] no aspirada según el contexto en que /p/ se encuentra. Estas son las dos principales representaciones fonéticas del fonema, sus **alófonos**. Todo fonema consta de, por lo menos, un alófono. En este caso el fonema /p/ del inglés tiene dos alófonos, dos maneras de pronunciarse: [pʰ] aspirada y [p] no aspirada. En español el fonema vocálico /a/ tiene dos alófonos: una [ă] corta que es la más usual y una [ā] larga que se usa en casos de énfasis. Los dos alófonos son las manifestaciones fonéticas del fonema que nosotros oímos e interpretamos al escuchar a un hablante.

Pasemos ahora a otro ejemplo de clasificación fonémica del español. La [r] simple de *pero* con la [r̄] múltiple de *perro* son diferentes en que el sonido [r̄] es más largo, se articula mediante más vibraciones que el simple [r]. Cabe hacernos la siguiente pregunta: ¿Es contrastivo el uso del rasgo de duración aplicado a los sonidos vibrantes? La respuesta es sí, porque al substituir una [r̄] múltiple (larga) por una [r] simple (corta), es posible formar una palabra distinta: *caro, carro*. Por eso hay que clasificar [r] y [r̄] como alófonos de diferentes fonemas.

Fig. 6.6: Contraste de los vibrantes en español

Al presentar una descripción de los sonidos en los capítulos precedentes (2, 5), usamos principalmente ejemplos de sonidos contrastivos del español. Al dar una descripción de su articulación, nos restringimos a rasgos articulatorios distintivos, los cuales pueden producir una diferenciación de palabras. Así por ejemplo, /l/ contrasta con /r/, *pelo = pero*, probando que el rasgo lateral es un rasgo distintivo. Podríamos examinar cada consonante comparándola con las otras y comprobaríamos que sí son efectivamente contrastivos los rasgos que hemos introducido. La oclusión, la fricción, la nasalidad, la lateralidad, la vibración y la sonoridad son todos, normalmente, rasgos distintivos en español.

Veamos un ejemplo final. En el capítulo 5 vimos que el sonido lateral [l] en español es alveolar y sonoro. En el habla normal de todo hispanohablante existe cierta variación en el lugar de articulación de casi todos los sonidos, incluyendo la *l*. Hay una articulación lateral dental, [l̪], producida con el ápice de la lengua contra los dientes; un sonido alveolar [l] que es el que describimos, y un sonido alveopalatal [l̠] que se produce con el ápice de la lengua en la región alveopalatal. Es verdad que al pronunciar estas tres variantes, la diferencia auditiva es poca. Sin embargo, en su articulación son claramente tres sonidos distintos y tienen tres zonas de articulación distintas.

No obstante, no existen en español pares contrastivos basados solamente en la diferencia entre [l̪] dental, [l] alveolar, y [l̺] alveopalatal. La variación de la zona de articulación, la dentalidad o la alveolaridad, no es un rasgo relevante en este caso. Por consiguiente los tres sonidos [l̪] dental, [l] alveolar y [l̺] alveopalatal no pueden ser alófonos de tres fonemas distintos sino que son alófonos de un mismo fonema /l/. El fonema es el concepto o la representación de una lateral en general, y los alófonos son realizaciones fonéticas utilizadas para expresar o realizar este concepto. El hecho de que el fonema lateral se articule en la zona dental, alveolar, o alveopalatal, no puede ocasionar un cambio en el significado de la palabra. Así pues, el fonema es lateral y los tres alófonos, es decir, las tres maneras de pronunciar el fonema, son: lateral dental, lateral alveolar, o lateral alveopalatal.

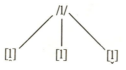

Fig. 6.7: Las realizaciones fonéticas del fonema lateral en español

No es necesario en esta sección haber captado totalmente, con todas sus consecuencias, la idea de lo que es el fonema. El concepto del fonema se clarificará al aplicarlo al sistema fonológico del español y del inglés en los capítulos siguientes. Es importante examinar la producción de los sonidos del español y después especificar su función en el sistema fonológico para poder indicar si los sonidos que examinaremos tienen alguna función contrastiva en la oración o si funcionan de una manera redundante siendo alófonos de un mismo fonema.

En las secciones siguientes trataremos de indicar la agrupación fonémica de los sonidos que estudiaremos para indicar si éstos funcionan de manera contrastiva o si son simplemente alófonos de un mismo fonema. A veces, veremos que en español existen los mismos sonidos que existen en inglés, pero la interpretación fonológica difiere en los dos idiomas. Trataremos de ver los problemas que esta interpretación fonológica puede ocasionar cuando el anglohablante aprende el sistema fonológico del español.

CAPITULO 7
La Transcripción Fonética

En este capítulo se van a desarrollar, paso a paso, los conocimientos básicos que se necesitan para hacer una transcripción fonética del español hablado. La trancripción fonética obtenida no será una transcripción fonética completa, pero servirá como una base que irá ampliándose a través de los capítulos siguientes de este texto.

Consideremos primero lo que es una transcripción fonética y algunas de las razones por las que hacemos una transcripción de esta índole. En el fondo, una transcripción fonética pretende ser una representación simbólica, más o menos exacta, de los sonidos que produce un hablante en una ocasión dada. Con la transcripción fonética tratamos de anotar todos los detalles de su pronunciación. Normalmente cuando hacemos una transcripción fonética, tenemos un propósito determinado. En un contexto específico no siempre es necesario transcribir todos los detalles posibles del hablante, sino que puede ser preferible destacar los elementos que, por un motivo u otro, nos interesen. Los lingüistas usan los términos **transcripción amplia** y **transcripción estrecha** para diferenciar entre estos dos tipos de transcripción. La transcripción **estrecha** se usaría en el caso de que no conociéramos nada de la lengua o del sistema fonológico del hablante. Representaríamos por escrito todos los detalles de su habla, puesto que no sabríamos cuáles de estos detalles son significativos. La transcripción **amplia** representa en particular los detalles que el que transcribe quiere destacar. Por ejemplo, al hacer un estudio de las vocales de algún hablante o de algún grupo de hablantes, tratamos de trascribir con mucho cuidado todas las variaciones que se oyen cuando pronuncia las vocales, mientras que usamos algún sistema simplificado de representación consonántica, puesto que en tal caso no nos interesan los detalles de su pronunciación.

La transcripción que usaremos en este capítulo será relativamente amplia. Su único propósito es introducir las reglas básicas de transcripción en español. Trataremos de ceñirnos a fenómenos fonéticos muy generales en el mundo hispánico para que las reglas desarrolladas puedan servir de guía para la transcripción del habla de cualquier hablante del español.

Usaremos la siguiente entrevista como base. Lea primero el diálogo en voz alta fijándose en la separación de las frases en grupos fonéticos naturales, es decir, observando bien las pausas que se harían en el habla natural.

A: *¿Y cuántos niños tiene usted señora?*

B: *Yo tengo cuatro niños.*

A: *¿Cuatro? ¿Y todos seguidos?*

B: *Bueno, más o menos. La mayor tiene ahora quince años; luego tengo una niña de doce años y medio, otro de nueve, y el último tiene siete años.*

A: *¿Y todos están en el colegio?*

B: *Sí, en el de San Martín. Bueno, yo digo que tengo cuatro hijos. En realidad, tengo tres que son míos. El mayor es en realidad mi hermanito, porque mis padres murieron muy jóvenes cuando él tenía apenas tres años y desde entonces está con nosotros.*

A: *Tiene más o menos la misma edad que los otros.*

B: *Sí, tiene solamente tres años más que Luisa.*

A: *¿No ha habido problemas?*

B: *No, no ha habido ningún tipo de problema. Es que a los niños siempre hay que enseñarles la vida como es realmente, sin engañarlos, sin tratar de esconderles las cosas porque uno teme que puedan sufrir. ¿No cree usted? Los niños sufren precisamente cuando se les engaña, cuando ellos descubren que uno no les está diciendo la verdad o cuando uno les está ocultando ciertas cosas. Yo personalmente creo que es preferible que vean todo como es.*

A: *Claro, hay menos problemas al final si se empieza con la verdad por delante.*

Paso 1

Escriba en primer lugar el diálogo usando la ortografía normal del español, pero indicando con una doble barra las pausas, es decir, separando las palabras y oraciones en grupos fonéticos naturales. No use letras mayúsculas ni tampoco signos ortográficos como el punto, la coma, punto interrogativo, etc. (Será mejor transcribir con lápiz para poder efectuar fácilmente cambios en la transcripción en los pasos subsiguientes.) Separe las palabras en sílabas así: // es pre-fe-ri-ble que ve-an to-do co-mo es //. Si se quiere, se puede mantener un espacio adicional entre las palabras aunque debe recordarse que esto es solamente para facilitar su lectura, ya que dentro del grupo fonético del español no hay ninguna pausa ni separación física de palabras.

Paso 2

Examinemos la transcripción obtenida, para señalar claramente la aparición de diptongos. Vimos en el capítulo 2 que un diptongo consiste en dos vocales unidas en una sola sílaba, una de las cuales tiene que ser /i/ o /u/ átona. Así para que la transcripción de diptongos sea correcta, no se necesita más que buscar dos vocales en la misma sílaba y poner una marca debajo de la vocal débil: [i̯] o [u̯]. Por conveniencia puede usarse [i̯] y [u̯] tanto para representar las semivocales como las semiconsonantes. Cuidado con la letra *y* que puede ser consonante [y̌] *mayo*, vocal [i] *dos y dos*, o semivocal [i̯] *hay* [ai̯].

Paso 3

Examinemos nuestra transcripción para indicar los dos tipos de **enlace** más importantes en español. El enlace consiste en la pronunciación de dos sonidos sin ninguna separación. El enlace vocálico es el encuentro de dos vocales y el enlace consonántico es la combinación de dos consonantes iguales o la combinación de una consonante con la vocal siguiente. Indicaremos por medio de una línea de unión que dos vocales, en diferentes sílabas, se pronuncian juntas sin separación. Conectaremos de esta manera toda combinación de dos vocales. La única excepción será el caso de los diptongos, ya que al existir un diptongo es imposible su separación en la pronunciación:

Mamá está aquí [ma-ma‿es-tá‿a-ki]. No sabe leer todavía [no sa-be le‿er to-da vi‿a]. No he amado el coco [no‿e‿a-ma-do‿el ko-ko].

Si se encuentran dos consonantes iguales, se las une:

No es seguro [no es‿se-gu-ro]. El lodo es feo [el lo-do‿es fe‿o].

Cuando pertenecen al mismo grupo fonético, la consonante final de una palabra se pronuncia como si fuera la consonante inicial de la palabra siguiente cuando ésta empieza con vocal:

Les hemos hablado ya [les‿e-mos‿a bla-do-ya]. Los otros amigos [los‿o-tros‿a-mi-gos].

Indique todos los enlaces vocálicos y consonánticos del diálogo precedente.

Paso 4

Queremos indicar la presencia de las letras que no se pronuncian. Hay dos en español: Una es la *h* que en ninguna circunstancia se pronuncia: *(h)ijo, alco (h) ol,* y la *u* cuando sigue a la letra *q: q(u)e, q(u)ien,* y cuando sigue a la letra *g* y precede a las vocales *e* o *i: ág(u)ila, pag(u)e.* Además, la combinación de *c* más *h* de *chico, muchacho* representa un solo sonido usaremos el símbolo fonético [č] para transcribirlo. En este paso vamos a indicar por medio de paréntesis las letras mudas (h), (u) y substituir el símbolo [č] por *ch*.

Paso 5

En español el sonido [k] tiene dos representaciones ortográficas: *q* seguida de la letra muda *u* en las combinaciones *que, quien*; y una *c* cuando va seguida de las vocales *a, o, u,* en *casa, coser, culebra.* Lea otra vez en voz alta el diálogo y transcriba [k] cada vez que el sonido aparece representado por los signos ortográficos *qu* o *c*.

Paso 6

El sonido [s] también tiene varias representaciones ortográficas en español. Puede escribirse con *c* ante las vocales *e* o *i, cena, cine,* o con la letra *s* en *los, son* o la letra *z* en *diez, zapato.* Lea otra vez el diálogo en voz alta y transcriba [s] por *s, z* o *c* ortográficas.

Paso 7

El sonido de la jota [x] tiene tres representaciones ortográficas. Puede escribirse con la letra *j* en *jefe* o con la letra *g* ante las letras *e* o *i* en *gemir* o *gitano.* También puede ser representado por la *x* como en *México* o *Xavier.* Lea el diálogo otra vez en voz alta y transcriba [x] por *j* y *g* cuando apropiado.

El resultado de lo que hemos hecho hasta el momento es una transcripción amplia—no es ni completa ni perfecta, pero sí servirá como base para los ejercicios de los capítulos siguientes. Iremos poco a poco modificando y aprendiendo más detalles sobre la pronunciación del español y las transcripciones fonéticas serán cada vez más detalladas. Como práctica adicional transcriba el siguiente diálogo fijándose en los siguientes puntos: (1) silabificación y pausas, (2) diptongos, (3) enlace, (4) letras que no se pronuncian, (5) el sonido [k], (6) el sonido [s], y (7) el sonido [x]. Note que hasta el momento no hemos tratado de distinguir entre las fricativas [β, đ, ɏ, ǥ] y sus correspondientes oclusivas [b, d, ŷ, g]. Volveremos sobre este tema en el capítulo 10.

> *Cliente:*   *Quisiera un cuarto sencillo con baño, por favor.*
>
> *Hotelero:*   *Lo siento mucho señor, pero el hotel está lleno esta noche.*
>
> *Cliente:*   *¿Me quiere decir que no tiene un solo cuarto libre?*
>
> *Hotelero:*   *Precisamente señor, lamento repetírselo pero no hay cuartos.*
>
> *Cliente:*   *Si estuviera aquí el Presidente de la República, ¿tendrían cuarto para él?*
>
> *Hotelero:*   *Pues claro, mi amigo, si estuviera el Presidente, sí tendríamos cuarto.*
>
> *Cliente:*   *En ese caso, muy señor mío, le puedo asegurar que el Presidente no va a llegar esta noche y con toda tranquilidad me puede dar el cuarto de él.*

CAPITULO 8

Los Fonemas Oclusivos Sordos /p, t, k/ y el Africado /č/

Los fonemas oclusivos sordos del español son la /p/ oclusiva bilabial sorda de *papa*; la /t/ oclusiva dental sorda de *tal*; y la /k/ oclusiva velar sorda de *casa*. Los tres sonidos en español coinciden en que se producen con mucha tensión y claridad. Son fonemas distintos, porque la diferencia entre la zona bilabial, la zona dental y la zona velar es relevante y podemos crear series de palabras contrastivas: *pasa, taza, casa*. En español los fonemas oclusivos sordos /p, t, k/ tienen una única realización fonética principal, es decir, un solo alófono.

$$/p/ \qquad /t/ \qquad /k/ \quad \text{Fonema}$$
$$| \qquad\quad | \qquad\quad |$$
$$[p] \qquad [t] \qquad [k] \quad \text{Alófono}$$

Fig. 8.1: Las oclusivas sordas

El fonema /p/ español tiene mucho en común con el fonema /p/ del inglés que también es oclusivo bilabial sordo. El fonema /k/ también se asemeja considerablemente al sonido /k/ del inglés que también es velar y sordo. El fonema /t/ del español tiene como alófono principal un sonido dental [t], mientras que en inglés el fonema /t/ de palabras como *tooth, tick,* tiene como alófono principal un sonido alveolar [t]. Así, la *t* inglesa y la española son diferentes articulatoriamente, pero la diferencia auditiva es mínima.

En inglés los fonemas oclusivos sordos /p, t, k/ tienen por lo menos dos maneras principales de pronunciarse. La selección entre estos dos alófonos puede describirse por conveniencia en términos de un **proceso fonológico**. En este caso el proceso es la **aspiración** de /p, t, k/, esto es, el escape de aire al pronunciar el sonido. La causa de la aspiración de las oclusivas sordas /p, t, k/ del inglés es su articulación relajada. Esta aspiración, muy fuerte en ciertos contextos, puede comprobarse mediante el simple experimento que se hizo en el capítulo 6. Tome de nuevo un pedazo de papel y colóqueselo muy cerca de la boca. Pronuncie una palabra inglesa cuyo sonido inicial sea /p, t, k/ como *Pete, too, case*. La aspiración que acompaña a la articulación de estos tres fonemas en posición inicial de palabra hará vibrar el papel. En cambio, si hacemos la misma prueba con los alófonos de las oclusivas sordas del español, al pronunciar estos tres sonidos con cuidado el papel no se mueve. Indicaremos esta aspiración de /p, t, k/ con los símbolos fonéticos [pʰ], [tʰ], [kʰ].

Examinemos el proceso de aspiración en inglés con más detalle. La aspiración de /p, t, k/ es normal en sílaba tónica. Por ejemplo, en la palabra *pepper* se aspira más la primera /p/ que la segunda. La otra posibilidad en inglés es un sonido sin aspiración: [p], [t], [k]. Aparecen éstos en inglés principalmente después del fonema /s/ en palabras como *sport, stop,* y *skate*. El efecto de la aplicación de la regla de aspiración se percibe muy bien al comparar estos pares de palabras: *port* con *sport, top* con *stop, Kate* con *skate*. Así el fonema oclusivo sordo del inglés tiene dos alófonos principales.

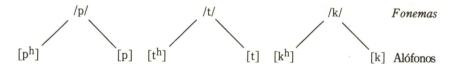

Fig. 8.2: Las oclusivas sordas del inglés

El proceso fonológico que origina la aspiración de los oclusivas sordas inglesas está tan arraigado en el habla del anglohablante que le es difícil suprimirlo al aprender un idioma como el español cuyo sistema fonológico no lo tiene. Como se trata fundamentalmente de una consecuencia de la relajación articulatoria general del inglés (frente a la tensión relativa del español), la manera más eficaz de evitar su uso es mantener una tensión alta durante la pronunciación.

Hay muy pocos problemas asociados con la representación ortográfica de las oclusivas sordas /p, t, k/ del español. El fonema oclusivo sordo /p/ tiene una sola representación ortográfica que es la letra *p, poco*. De igual manera el fonema oclusivo dental sordo /t/ tiene una sola representación ortográfica que es la letra *t, todo*. En cambio, la representacion ortográfica del sonido oclusivo velar sordo /k/ es algo más complicada. El sonido /k/ va representado por dos letras según la vocal que le siga. Si la vocal siguiente después de la letra *c* es una *a* o una *u*, se pronuncia la letra *c* con /k/: *caso, coco, cusco*. Si la letra siguiente es *i* o *e*, la representación del sonido /k/ son las dos letras *q* y *u: que* y *quien*. La *u* en la combinación *qu* más una vocal *e* o *i* es una letra muda que no representa ningún sonido, sino que es parte de la combinación *qu* que representa el fonema /k/.

Los fonemas /p, t, k/ aparecen al principio de sílaba en *mapa, pata* y *hamaca*, principio de palabra en *piedra, todo, cana* y final de sílaba en *apto, captar, atlas, atleta, doctor, acción*. En esta última posición la tensión articulatoria es más débil y la oclusión en su articulación no es siempre total. Algunos hablantes en el habla rápida y familiar los suprimen totalmente. Son muy poco comunes estos fonemas en posición final de palabra, *chic*.

El fonema africado /č/ del español no ocasiona ningún problema al anglohablante ya que su pronunciación de palabras inglesas como *chance, choice, chew* es prácticamente idéntica a su manifestación fonética en español. Compare por ejemplo la pronunciación de /č/ en los siguientes pares de palabras: chew/chucho; chore/chorizo; chinchilla/chinchilla; chance/chantaje. El fonema /č/ se representa ortográficamente tanto en inglés como en español con las letras *ch*.

EJERCICIO 1.

Transcriba las siguientes palabras usando símbolos fonéticos.

1. como	6. taco	11. comuniqué	16. carta
2. queso	7. taquito	12. corte	17. tope
3. porque	8. qué	13. quito	18. máquina
4. cosa	9. ataque	14. Paco	19. coro
5. poco	10. Coca-Cola	15. toque	20. química

Ahora lea las palabras en voz alta, poniendo atención en suprimir toda tendencia a la aspiración de /p, t, k/. Ponga especial atención en la /k/, entre los tres la más difícil de pronunciar sin aspiración.

EJERCICIO 2.

Lea en voz alta las siguientes oraciones. Mantenga su pronunciación de los fonemas /p, t, k/ en español usando variantes sin aspiración. Para conseguirlo será necesario mantener una cierta tensión articulatoria durante la pronunciación de toda la palabra. Recuerde también que el alófono principal de la /t/ española es el dental [t̪] y en su pronunciación el ápice de la lengua debe tocar los dientes y no los alvéolos como en inglés.

1. Pito Pérez puso el papel en el pupitre.
2. Pídele a Paco un poco de pan.
3. ¿Puedes poner el programa para el público?
4. Pronto pasa el portero para apuntar la puerta apropiada.
5. Mi tío Teodoro tiene tantos tipos de trajes como tú.

6. No son tantas las tontas ni tantos los tontos muchachos.
7. Noto que tú tienes apetito fuerte, Tomás.
8. Tres tristes tigres tiemblan en la tempestad.
9. Carlos comió cacahuetes calientes en la calle.
10. Cali, Colombia no es más caliente que Cartagena.
11. ¿Cuántos cuentos no le contó al contado?
12. Caminó cuarenta kilómetros para coger el carro del ferrocarril que quería.

Transcriba ahora las doce oraciones anteriores. No se olvide de indicar (1) la silabificación, (2) el enlace, (3) las letras que no se pronuncian, (4) [k], [s], [x], [č], y (5) [y̶, i̶, i] para la letra *y* según el caso.

EJERCICIO 3.
Lea el siguiente párrafo en voz alta.

Platero juega con Diana, la bella perra blanca que se parece a la luna creciente; con la vieja cabra gris, con los niños . . .

Salta Diana, ágil y elegante, delante del burro, sonando su leve campanilla, y hace como que le muerde los hocicos. Y Platero, poniendo las orejas en punta, cual dos cuernos de pita, la embiste blandamente, y la hace rodar sobre la hierba en flor.

La cabra va al lado de Platero, rozándose a sus patas, tirando, con los dientes, de la punta de las espadañas de la carga. Con una clavellina o una margarita en la boca, se pone frente a él, le topa en el testuz, y brinca luego, y bala alegremente, mimosa igual que una mujer.

Juan Ramón Jimenz

EJERCICIO 4.
Hable con algún compañero de algún incidente de su vida que le haya dado mucho miedo. Ponga especial atención en no aspirar los alófonos de /p, t, k/.

CAPITULO 9

Las Consonantes Nasales

En español hay tres letras que representan los sonidos nasales [m], [n], [ñ] en *cama, cana, caña* respectivamente. Estos ejemplos demuestran además que hay tres fonemas nasales contrastivos en la serie de los sonidos nasales. Estos tres fonemas, el nasal bilabial /m/, el nasal alveolar /n/ y el nasal palatal /ñ/, mantienen su función distintiva cuando aparecen en posición inicial de sílaba o inicial de palabra. La serie *cama, cana, caña* ejemplifica su función contrastiva en posición inicial de sílaba interior de palabra. En posición inicial de palabra, la nasal palatal /ñ/ contrasta con las otras dos nasales /m/ y /n/ (*mapa, napa, ñapa*), pero hay muy pocas palabras que comienzan con esta palatal y así el contraste en posición inicial queda restringido prácticamente al sonido bilabial /m/ y al sonido alveolar /n/: *mota, nota; mata, nata; mi, ni.*

En las otras posiciones de la palabra, es decir, en posición final de sílaba y final de palabra, se producen ciertas modificaciones en la pronunciación de nasales. Por la nasal interior de palabra se presentan los tres sonidos que ya hemos descrito, la nasal bilabial, *imposible* [mp], la nasal alveolar, *instigar* [ns], y la palatal, *inyección* [ñŷ]. En el último caso note que el sonido palatal [ñ] se representa ortográficamente con la letra *n*. Lo más importante es notar que, dentro de los grupos consonanticos [mp], [ns], [ñŷ], el punto de articulación de los dos sonidos es el mismo: [m] es bilabial como [p] en *imposible*, la [n] es alveolar como lo es [s] en *instigar*, y la [ñ] es palatal como lo es la [ŷ] en *inyección*. Esta concordancia de rasgos fonéticos se llama **asimilación**. Un sonido se asimila si se cambia para hacerse semejante a otro sonido vecino. En este caso, el sonido nasal se asimila en su punto de articulación a la consonante siguiente.

En estos tres ejemplos nos hemos ceñido a los tres sonidos nasales mencionados al principio de esta sección: el bilabial, el alveolar y el palatal. Sin embargo, existen otras articulaciones de sonidos nasales en posición final de sílaba. Hemos visto siete zonas de articulación, de manera que las posibles articulaciones nasales son también siete. Ya hemos visto la nasal bilabial [m] ante /p/, *imposible*, o ante /b/, *ambos*. El sonido que precede a una labiodental /f/, en palabras como *énfasis*, es un alófono nasal labiodental simbolizado con [ɱ]. Ante los fonemas dentales como /t/ o /d/, la nasal naturalmente es dental también, *antes, ando,* utilizándose el símbolo [n̪]. Ante los fonemas alveolares como /r/, /l/, /s/, el alófono nasal es alveolar [n], *Enrique, enlace, instigar.* Ante el africado alveopalatal /č/, el alófono nasal es alveopalatal simbolizado con [n̠], *ancho.* Ante el fonema palatal /y/, la nasal es palatal [ñ], *cónyuge.* Y, finalmente, ante sonidos velares como /g/, *tengo,* /k/, *ancla,* y /x/, *monja,* el alófono nasal es velar [ŋ].

El sonido nasal en posición final de sílaba interior de palabra seguido por consonante tiene su punto de articulación determinado por esta consonante. Por consiguiente, sería imposible que en esta posición los diferentes sonidos nasales funcionaran de manera contrastiva. Como el lugar de articulación del sonido nasal está totalmente determinado por la consonante siguiente, es imposible conmutar estos sonidos para producir una palabra nueva. Por ejemplo, si empezamos con el grupo [mb] en la palabra *ambos*, no es posible cambiar el lugar de articulación de la nasal bilabial [m] a la alveolar [n], *án-bos*, ya que la presencia de la consonante bilabial determina que la nasal precedente se pronuncie bilabial. Así, cualquier substitución de sonidos nasales en esta posición no puede originar ninguna palabra nueva sino que produciría la impresión de un error en la pronunciación.

Con esto vemos que en posición inicial de sílaba e inicial de palabra, hay tres puntos de articulación que funcionan de manera **contrastiva** con relación a las nasales (*cama, cana, caña*). El punto de articulación del alófono nasal en posición final de sílaba no desempeña, en cambio, ninguna función distintiva y decimos que en este caso el contraste potencial se ha **neutralizado**.

Algunos lingüistas indican la neutralización en este contexto por medio del **archifonema**, que en este caso será /N/, símbolo que representa un sonido nasal (que contrasta con sonidos orales, /arde/ ≠ /aNde/) sin especificación de su lugar de articulación. Como vimos, la especificación del lugar de articulación es automática según el punto de articulación de la consonante siguiente.

EJERCICIO 1.

Determine el punto de articulación del archifonema nasal en posición final de sílaba. Transcriba las palabras usando los nuevos símbolos introducidos en este capítulo.

1. ambos	3. cansado	5. banco
2. anda	4. cantar	6. tengo

7. enfermo	11. amplio	15. conjunto
8. ancho	12. enfático	16. cónyuge
9. anzuelo	13. ángel	17. antes
10. ángulo	14. empezar	18. enfriar

La neutralización del punto de articulación de la nasal también puede darse con la nasal en posición final de palabra, *hablan, un, tan*. No hay posibilidad de contraste en esta posición, es decir, no hay pares de palabras como *pan / pam* o *tan / tañ*.

Normalmente al pronunciar una palabra que termina en nasal la manifestación fonética más común es una pronunciación alveolar *tan, hablan, irán, pan*, todas con [n] alveolar. En un grupo fonético la palabra que termina en nasal puede ir seguida de una palabra que empieza con vocal *empiezan a hablar*, o de una palabra que empieza con consonante *empiezan con Enrique*. Si la palabra siguiente empieza con vocal, se mantiene la pronunciación alveolar, *va* [n] *a seguir estudiando*. Al comenzar la palabra siguiente con una consonante, se aplicará la asimilación nasal como si el grupo consonántico estuviera en posición interior de palabra. De igual modo que la nasal de la palabra *antes* tiene que pronunciarse en la zona dental por la presencia de la /t/ dental siguiente, también en la frase *comen todo* el sonido nasal final de la palabra *comen* tiene que pronunciarse en la zona dental por el efecto de asimilación a la /t/ dental de la palabra siguiente. En el caso de una pausa siguiente, se manifiesta la nasal en su variante alveolar [n], *ya fueron*.

En caso de nasal seguida de nasal, la asimilación es opcional y muy común es una asimilación parcial: *inmediato* con [nm], [ᵐₙm], o [mm].

EJERCICIO 2.

Determine el punto de articulación de la nasal en los siguientes grupos de palabras.

1. hablan bien	6. están comiendo	11. un frío
2. en serio	7. ven mi hijo	12. un chile
3. un papel	8. un yunque	13. un beso
4. dicen que	9. van con nosotros	14. están llegando
5. en Chicago	10. saben todo	15. un joven

En resumen hay tres fonemas nasales distintos /m/, /n/, y /ñ/ que funcionan de manera contrastiva en posición inicial de palabra e inicial de sílaba. En posición final de sílaba, sea final de palabra o interior de palabra, el contraste se neutraliza resultando el archifonema, /N/, y se efectúa la asimilación nasal.

Fonema	Alófonos	Punto de Articulación	Ejemplos
/m/ inicial	[m] ante vocal	bilabial	mamá, cama
/n/ inicial	[n] ante vocal	alveolar	nada, cana
/ñ/ inicial	[ñ] ante vocal	palatal	ñandú, caña
/N/ final	[m] ante /p, b/	bilabial	campo, también
	[ɱ] ante /f/	labiodental	énfasis
	[n̪] ante /t, d/	dental	antes, andando
	[n] ante /s, l, r/	alveolar	entonces, con Lola, Enrique
	[n] ante vocal	alveolar	en otros
	[n̠] ante /č/	alveopalatal	ancho
	[ñ] ante /y/	palatal	inyección
	[ŋ] ante /k/, /g/, /x/	velar	banco, tengo, monja

Fig. 9.1: La distribución de las nasales

EJERCICIO 3.

En el siguiente ejercicio indique el punto de pronunciación de la nasal subrayada.

1. Donde un río negro se encuentra en confluencia con el ancho mar.
    1   2   3   4   5   6   7   8   9   10   11

2. Andale, dale un beso al niño angélico durmiente.
    12   13   14 15 16   17 18

3. Conque te vas inmediatamente a la cabaña a cambiarte para nadar.
    19   20   21 22   23   24   25

4. ¿Con qué vas a cambiarte antes de encaminarnos?
    26   27   28   29

5. Un cubano canoso cuenta la caña con cuidado.
    30 31   32   33   34   35

6. Concepción Núñez de Los Angeles tiene un pato nombrado Chencho Núñez.
    36   37 38 39   40   41 42   43 44   45   46

En inglés también existe un proceso de asimilación nasal. Por ejemplo en la palabra *tangle*, la nasal final de sílaba se velariza por la presencia de /g/ en la sílaba siguiente igual que en español. Sin embargo, es raro que el anglohablante lo extienda a las nasales en posición final de palabra. Así en *in front* la labiodentalización es completamente opcional, como es la velarización en *in case*.

El problema del anglohablante no es por tanto la producción de nasales asimiladas sino la extensión del proceso a la nasal en posición final de palabra. Afortunadamente no es muy difícil adquirir esta capacidad. Para el hispanohablante el único contexto en que no tiene lugar la asimilación nasal es aquél en que interviene una pausa. Por eso conviene tener práctica en enunciar grupos de palabras sin separación articulatoria. Sobre todo debe evitar las pausas en las combinaciones de palabras átonas con una palabra siguiente, como artículo más sustantivo, *un trigo,* o de preposición más otra palabra, *en casa, con tiempo.* En todos estos ejemplos la frase se pronuncia como si fuera una sola palabra. Así, por ejemplo *tan bien* en el habla cotidiana se pronuncia igual que *también.*

Un estudiante que (1) mantiene una gran tensión articulatoria y que (2) no separa las palabras en la frase fonética, por lo general asimilará automáticamente la nasal.

EJERCICIO 4.

Lea en voz alta los ejercicios de este capítulo, poniendo especial énfasis en la pronunciación correcta de los grupos consonánticos con nasal.

EJERCICIO 5.

En una conversación con un compañero de su clase, recuente el momento más feliz de su vida. Mantenga mucha tensión articulatoria y no separe las palabras donde no hay pausa.

CAPITULO 10

Las Obstruyentes Sonoras /b, d, g/ y /y/

Los fonemas /b, d, g/ son, respectivamente, bilabial, dental y velar. Los tres son normalmente sonoros. En inglés, los tres fonemas /b, d, g/ de *boy, dog, gate,* son además sonidos oclusivos. Al producir cada sonido del inglés, usamos los órganos articulatorios para efectuar una oclusión total que detiene el aire en su salida de los pulmones. Con el fonema /b/, por ejemplo, la oclusión es bilabial: se cierran totalmente los dos labios. Con el fonema /d/ la oclusión es dental: se detiene el aire cerrando el ápice de la lengua contra los dientes superiores. En la producción del fonema /g/ se detiene el aire colocando la parte posterior de la lengua, el postdorso, contra la región velar del techo posterior de la boca. Normalmente, los tres fonemas /b, d, g/ tienen cada uno un solo alófono principal en inglés. El fonema /b/ se pronuncia con un alófono oclusivo bilabial sonoro [b], el fonema /d/ se pronuncia con su alófono oclusivo alveolar sonoro [d], y el fonema /g/ se pronuncia con su alófono oclusivo velar sonor, [g]. Veremos que en español, la representación fonética de los fonemas /b, d, g/ es algo más compleja que en inglés.

/b, d, g/ en interior de palabra

En español, a diferencia del inglés, los fonemas /b, d, g/ normalmente se producen evitando la oclusión completa. El resultado son sonidos que hemos llamado fricativos pero que no poseen una fricción excesiva. Por ejemplo, en la palabra *habas* el fonema /b/ se produce con los dos labios, es decir, es bilabial, pero se evita la oclusión completa. El símbolo fonético es [β]. El mismo sonido fricativo [β] aparece en *cava* [β] a pesar de la diferencia ortográfica. El fonema /d/ de la palabra *cada* se produce de manera análoga, es decir, con el ápice de la lengua tocando los dientes superiores, pero evitando a la vez una oclusión completa [d]. El resultado es un sonido muy suave que es muy semejante a la manifestación del fonema /ð/, ortográficamente *th*, del inglés *father, brother*. El sonido del español es más suave, con menos fricción que el del inglés, que, por lo general, tiene un nivel considerable de fricción. El fonema /g/ del español es un sonido velar y sonoro pero al acercarse el dorso de la lengua al velo del paladar, el hablante no cierra totalmente el aire y emite una [g̶] muy suave. Los símbolos fonéticos que usaremos para estos sonidos fricativos suaves son [b̶], [d̶], [g̶]; para la representación fonémica seguiremos usando los símbolos normales /b, d, g/ porque corresponden a la tradición ortográfica.

Los fonemas /b, d, g/ no se pronuncian siempre con alófonos fricativos. El alófono más común es el fricativo, pero existen manifestaciones oclusivas también. En las palabras *ave, cada, haga,* su manifestación fonética es un sonido débil sin oclusión. Pero en palabras como *ambos, ando* y *tango*, la oclusión es completa y el alófono usado tiene que clasificarse como un verdadero sonido oclusivo. Estos tres sonidos oclusivos [b], [d], [g] de los ejemplos *ambos, ando, tango,* son casi idénticos a los sonidos [b], [d], [g] oclusivos que hemos descrito para el inglés. Sin embargo, debemos apuntar que la aparición relativa de los sonidos oclusivos del español comparada con las variantes fricativas es muy baja: los alófonos fricativos suaves [b̶], [d̶], [g̶] son muchísimo más frecuentes que los correspondientes oclusivos. En la figura 10.1 comparamos la distribución fonémica y alofónica en los dos idiomas.

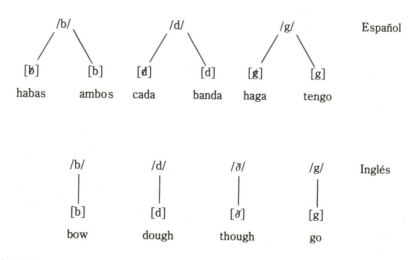

Fig. 10.1: Los fonemas /b, d, g/ y sus alófonos

EJERCICIO 1.

En las siguientes palabras imite la pronunciación sin oclusión y con oclusión.

1.	hombre	[b]	7.	andar	[d]	13.	venga	[g]
2.	joven	[b̶]	8.	nadar	[d̶]	14.	vega	[g̶]
3.	ambos	[b]	9.	mando	[d]	15.	tengo	[g]
4.	lobo	[b̶]	10.	lado	[d̶]	16.	trigo	[g̶]
5.	hembra	[b]	11.	Andrés	[d]	17.	sangre	[g]
6.	haba	[b̶]	12.	Ada	[d̶]	18.	saga	[g̶]

EJERCICIO 2.

Pronuncie las siguientes palabras. En todos los casos la pronunciación de /b/ será sin oclusión. Note que el uso de la letra *v* o *b* no afecta a su pronunciación.

1. pavo	6. televisión	11. abeja	16. hablaba
2. sabio	7. sábana	12. huevo	17. novia
3. suave	8. niebla	13. estaba	18. habas
4. cueva	9. evitar	14. Eva	19. esbelto
5. lavan	10. nabo	15. ebrio	20. jueves

EJERCICIO 3.

Pronuncie las siguientes palabras. En todos los casos la pronunciación de /d/ será sin oclusión.

1. cadena	6. nada	11. sidra	16. nido
2. edición	7. cuidado	12. todo	17. sábado
3. inodoro	8. lado	13. mide	18. estudio
4. seda	9. miedo	14. Ada	19. contado
5. prado	10. sudar	15. nudo	20. lodo

EJERCICIO 4.

Pronuncie las siguientes palabras. En todos los casos la pronunciación de /g/ será sin oclusión.

1. soga	6. látigo	11. oiga	16. traga
2. hago	7. mendigo	12. miga	17. siga
3. pago	8. sigo	13. colega	18. nogal
4. lago	9. psicólogo	14. ciego	19. haga
5. trago	10. legal	15. sigue	20. saga

EJERCICIO 5.

Practique la pronunciación de /b, d, g/ como oclusivas [b, d, g] en las siguientes palabras. Observe que en todos los casos /b, d, g/ van precedidas de nasal /N/ que asimila su punto de articulación: bilabial [mb], dental [n̪d̪] y velar [ŋg].

1. tengo	6. envuelto	11. ángulo	16. indirecto
2. anda	7. engrasar	12. angustia	17. envenenar
3. hombre	8. ingrato	13. ándale	18. embustero
4. Andrés	9. hombro	14. hambre	19. venga
5. enderezar	10. desenvolver	15. endrogar	20. ambos

EJERCICIO 6.

Transcriba foneticamente las palabras de los ejercicios 1, 2, 3, 4, 5.

/b, d, g/ en posición inicial

Hasta este punto hemos visto la pronunciación de /b, d, g/ en posición interior de una palabra. Pero también aparece /b, d, g/, en posición inicial de palabra: *baile, damas, ganamos*. En este caso la pronunciación normal es la misma que si se encuentra en posición interior de palabra. Si le precede una vocal, *una dama*, la tendencia es articular el sonido sin oclusión, [u na ḏa ma], y si le precede una nasal, ésta asimila su punto de articulación y /b, d, g/ se manifiestan como oclusivas, *un baile* [um bai le].

EJERCICIO 7.

Practique la pronunciación de /b, d, g/ como oclusivas o fricativas. Use alófonos fricativos excepto cuando precede una nasal.

1. una golondrina	8. una bailarina	15. un ganso
2. un beso	9. vienen dos	16. cuatro gansos
3. canta bien	10. son dedos	17. nadaron bien
4. con gusto	11. es mi dedo	18. preguntó dónde
5. en vez de la primera	12. estoy sin ganas	19. una gota
6. no tiene verguënza	13. hablaron de usted	20. un gasto
7. son garbanzos	14. ¿quién habló de mí?	

Si /b, d, g/ se encuentran en posición inicial de oración, es decir, si van precedidas de una pausa, (o lo que es lo mismo, si no les precede nada), entonces, la pronunciación suele ser oclusiva, sobre todo si le damos énfasis a la palabra. Sin embargo, esta oclusión no es obligatoria y es frecuente oír una pronunciación suave sin oclusión también en esta posición.

EJERCICIO 8.

Pronuncie las siguientes frases dándoles primero a las /b, d, g/ iniciales una pronunciación oclusiva enfática y después lea la lista otra vez, dándoles una pronunciación suave sin oclusión.

1. Démoselo.	8. Gozamos de buena salud.	15. Buenos días.
2. Ganamos el partido.	9. Dígame.	16. Gracias.
3. ¿Bailamos?	10. Bébelo todo.	17. De nada.
4. Vamos en seguida.	11. Ganamos otra vez.	18. Buen día.
5. ¡Guerra!	12. Venga conmigo.	19. Buenas noches.
6. Vete de aquí.	13. ¿Dinero? No lo traje.	20. Dime si es verdad.
7. ¿Vas a la fiesta?	14. Vaya con Dios.	

La variabilidad inherente de /b, d, g/

La variación en la oclusión cuando se pronuncian /b, d, g/ en el habla normal es una característica muy propia de la lengua española. Este rasgo representa una de las diferencias que existen en la pronunciación del español frente a la gran mayoría de las otras lenguas europeas como el inglés, el francés, el italiano, el portugués y el alemán. Hemos dicho que el hispanohablante evita normalmente la oclusión al pronunciar los tres fonemas /b, d, g/. Pero al evitar la oclusión, pueden resultar grados variables de abertura y de fricción. Es decir, desde la oclusión completa hasta una consonante muy abierta, hay una gama de manifestaciones posibles. Para simplificar, hemos escogido aquí solamente dos de estas posibilidades: los sonidos con oclusión completa [b, d, g] y los sonidos sin oclusión [ƀ, đ, ǥ].

Una posibilidad algo más débil que el sonido oclusivo sería un sonido con una mezcla de oclusión débil y fricción, una semioclusiva: los órganos articulatorios se acercan, pero no se cierran totalmente, y el aire que pasa por estos órganos produce una fricción suave. La pronunciación semioclusiva es muy frecuente para /b, d, g/ en posición inicial absoluta: ¡*Vámonos*!

También se suele debilitar algo la pronunciación de la fricativa: el resultado es una consonante sin oclusión y con fricción apenas perceptible. Esta pronunciación débil es común para /b, d, g/ intervocálicos sobre todo en sílabas atonas: *iba, puedo, agua*. También es posible la abertura completa, con lo que se elimina totalmente el fonema, *nada* [na].

En el habla normal, sobre todo si la situación es formal, se evita la elisión completa del fonema, pero las variantes débiles son normales en el habla familiar y rápida, especialmente cuando se habla sin énfasis. Las variantes oclusivas o semioclusivas aparecen mucho más en el habla lenta y formal y especialmente durante la lectura en voz alta. Repetimos, sin embargo, que la norma para /b, d, g/ es un sonido no oclusivo con grados moderados de fricción.

En contacto con consonantes, los fonemas /b, d, g/ se pronuncian comunmente con alófonos fricativos, pero a veces se refuerzan con variantes oclusivas o semioclusivas en palabras como *alba, algo, arde, hablar, agradecer, adrede*. En particular, en el caso del fonema lateral /l/ seguido de /d/ se percibe muy a menudo la oclusión total debido a que en la producción de la lateral alveolar /l/, el ápice de la lengua está en contacto con los dientes y es por tanto más fácil que se quede en esa misma posición para producir la /d/ siguiente, *aldea* [aldea].

En resumen, la manifestación más usual de /b, d, g/ consiste simplemente en evitar la oclusión completa. Hemos visto que para describir este proceso podríamos caracterizar los fonemas /b, d, g/ con dos variantes principales, una variante oclusiva, y una variante fricativa. Recuerde, sin embargo, que de todas las posibles variantes la más frecuente es una fricativa suave con grados moderados de fricción.

Para pronunciar bien los fonemas /b, d, g/ un principiante puede adoptar la estrategia de pronunciar siempre las letras *b*, v, *d* y *g* (ante *o, a, u*) con una variante suave fricativa, evitando la oclusión; en los pocos casos en que la oclusión sea más común (después de pausa, después de nasal y en la secuencia /l/ + /d/ esta oclusión vendrá naturalmente. Si se evitan las pausas entre palabras, se conseguirá prescindir de una excesiva y nociva oclusión en el habla. Recuerde que una pronunciación fricativa suave para *b, v, d*, y *g* nunca denotará un acento extranjero, pero sí lo hará un uso exagerado de oclusivas.

EJERCICIO 9.

En las siguientes palabras diga si la tendencia predominante en la pronunciación de /b, d, g/ es (1) el refuerzo (oclusión o semioclusión), (2) el debilitamiento (fricción moderada o débil) o (3) la elisión.

1. las drogas	11. muchas gracias	21. abrir
2. una barba	12. habas	22. el griego
3. hay varios	13. nada	23. desde entonces
4. algo	14. hombre	24. alguno
5. ángulo	15. iglesia	25. la guerra
6. muy breve	16. mitad	26. rasgo
7. hablar	17. andar	27. esbelto
8. alba	18. hago	28. absoluto
9. saga	19. lado	29. el vinagre
10. Andrés	20. no es verdad	30. un vino

EJERCICIO 10.

Use cada una de las siguientes palabras en dos o más oraciones, para demostrar que el contexto fonético puede causar variación en la manifestación fonética del fonema inicial.

Ejemplo: boca, en boca/una boca

1. boda	6. gracias
2. vez	7. ganaron
3. vacas	8. gol
4. drogas	9. verdad
5. damos	10. Dorotea

Problemas ortográficos

No todos los problemas que tienen los principiantes con los fonemas /b, d, g/ surgen de la existencia y el uso de variantes fricativas en vez de oclusivas; a veces los problemas son puramente ortográficos. En el caso del fonema bilabial /b/, la ortografía española representa este fonema con dos letras, la *b* llamada comúnmente *b-grande* y la *v* llamada comúnmente *b-chica*. La selección entre estas dos letras radica en su origen latino. Si en latín se escribía una palabra con *b*, se trató de mantener la letra en la palabra correspondiente del español moderno; si se escribía con *v*, también por lo general se escribe en el español moderno. Lo más importante es recordar que el uso de las letras *b* y *v* no corresponde a ninguna diferencia fonética. El hispanohablante mismo tiene que aprender que las dos representaciones ortográficas son arbitrarias y que no corresponden a una diferencia de sonido.

El anglohablante tiene en su idioma dos fonemas distintos /b/ y /v/. El alófono principal de /v/ es fricativo labiodental sonoro (comparado con [b̦] que es bilabial) y hay parejas mínimas: *base, vase; berry, very*. Por consiguiente el anglohablante está acostumbrado a diferenciar claramente los dos, produciendo un alófono bilabial oclusivo para /b/ y uno labiodental fricativo para /v/. Así pues, cuando el principiante ve la letra *b* muestra una fuerte tendencia a pronunciar una bilabial oclusiva, y cuando ve la letra *v* produce una labiodental fricativa. Lo que tiene que recordar es que en español se usa siempre un sonido bilabial, casi siempre fricativo, indistintamente para ambas letras. Nótese además, que tanto la letra *v* como la *b* pueden representar un sonido oclusivo si les precede una nasal o una pausa: *ambos* [mb], *invitar* [mb], ¡*botaron*! [b], ¡*votaron*! [b].

En el caso del fonema /d/ también hay problemas ortográficos. En español la representación ortográfica es muy regular. El fonema /d/, tanto si se manifiesta con variantes oclusivas como con fricativas, siempre se representa ortográficamente con la letra *d*, *anda* [d], *nada* [đ]. En inglés en cambio, la letra *d* se usa solamente en el caso de representar un fonema cuyo alófono es siempre oclusivo y nunca fricativo, /d/ [d] = *d* como en *dad*. El sonido más semejante a la variante fricativa del español [đ] es un sonido dental fricativo y se usa en palabras como *father, brother, bother*. Pero este fonema, simbolizado con /ð/, siempre va representado por las letras *th* y nunca lo asocia el anglohablante con la letra *d*. Así, aunque el sonido de la *th* inglesa le corresponde con bastante exactitud con la *d* del español, es difícil que el anglohablante se acostumbre a usar este sonido dental fricativo para la letra *d* del español.

El fonema /g/ también conlleva problemas ortográficos pero no relacionados con su correspondencia con el inglés. El fonema /g/ en su variante oclusiva [g] o fricativa [ǥ] siempre se escribe con la letra *g*. En los casos en que aparece ante las letras *i* o *e*, hay que intercalar una letra *u*, *guerra*. A veces el anglohablante se equivoca pronunciando esta *u*, *güiso* por *guiso*, por ejemplo.

EJERCICIO 11.

En las siguientes oraciones, siga la norma de pronunciar siempre las variantes débiles de /b, d, g/ a menos que las preceda una nasal.

LA SAGA DE LAS DUDAS DE ADA SOBRE LAS DEBILIDADES DE UN ESTUDIANTE

1. El viernes que viene voy de visita a ver a mi vieja vecina, Ada.
2. Mi vieja vecina no es muy vieja sino muy joven.
3. Ella ha vivido en mi vecindad toda su vida de veinte y nueve años.
4. Ada me dice que estudia todos los días.
5. El domingo pasado me dijo, "Cada vez que dices adiós decides quedarte."
6. Pero es divertido ver todos los toros durante la tarde.
7. Al fin, salgo cuando me da la gana y me hago el vago sin saber nada. ¡Qué barbaridad!

EJERCICIO 12.

Lea en voz alta prestando atención a la pronunciación fricativa de /b, d, g/.

VOLVERAN LAS OSCURAS GOLONDRINAS

Volverán las oscuras golondrinas
en tu balcón sus nidos a colgar,
y otra vez con el ala a sus cristales
jugando llamarán.

Pero aquellas que el vuelo refrenaban
tu hermosura y mi dicha al contemplar,
aquellas que aprendieron nuestros nombres,
esas . . . ¡no volverán!
                    Gustavo Adolfo Bécquer

EJERCICIO 13.

Describa a un compañero lo que serían para usted unas vacaciones ideales. Fíjese bien en su pronunciación de /b, d, g/. Trate de evitar la oclusión siempre que no preceda un sondio nasal.

EJERCICIO 14.

Transcriba el siguiente chiste usando símbolos fonéticos. Incluya (1) la silabificación, (2) el enlace vocálico y consonántico, (3) los diptongos, (4) los dos alófonos principales de /b, d, g/, (5) la asimilación de las nasales.

S-O-C-K-S

—¿Esto es lo que busca? —preguntó la dependienta anglohablante que no entendía muy bien el español.

—No, no es eso. —respondió la señora que no hablaba inglés.

—¿Por casualidad será este artículo?

—No, tampoco es eso.

—Y, ¿qué tal esto?

—No, eso no es.

Por fin llegaron al mostrador de los calcetines y la señora exclamó felizmente:

—¡Eso sí que es!

—*Well,* —dijo la dependienta un poco perpleja, —¿si lo puede deletrear en inglés porque no lo puede pronunciar?

El fonema palatal /y/

El fonema palatal sonoro /y/ es muy semejante en su manifestación fonética a /b, d, g/, en que se usan variantes que van de una oclusión total hasta su elisión completa. La norma, como en el caso de /b, d, g/ es una fricativa suave con grados muy moderados de fricción. La oclusión total, o casi total simbolizada con [ŷ], es más rara. Cuando ocurre, se da en los mismos contextos que los oclusivos [b, d, g]. Después de la nasal, que en este caso se asimila y es palatal, *inyección*, [ñŷ] o a veces al principio de oración, *Yo no lo sé*, hay una tendencia a fortalecer a /y/. Sin embargo hay variación en la manifestación del fonema /y/ en el mundo hispánico y lo mejor para el estudiante es atenerse a la producción de una fricativa moderada, [ÿ]. Usamos el símbolo [ÿ] para el alófono fricativo suave paralelamente a su uso con [ƀ, đ, ǥ]. De igual manera se omite la barra en el símbolo fonémico /y/. Usamos la variante semioclusiva [y] solamente después de nasal: un yate [uñ ŷate].

En el habla familiar y espontánea la /y/ se pronuncia muy suave, a veces debilitándose aún más que [ƀ, đ, ǥ]. Los alófonos débiles son idénticos a la semiconsonante del inglés en palabras como *you, yes*. Compare, por ejemplo, *yo-yo* del inglés con *yo* del español. La diferencia está en el hecho de que, aunque en español se permite una variante de /y/ tan débil como la del inglés también se usan variantes más tensas con fricción audible o incluso la semi-oclusiva. Este refuerzo ocurre sobre todo en el habla más formal o enfática o bien en la lectura.

El fonema /y/ en Hispanoamérica va representado indistintamente por las letras *y* y *ll.* Hay que memorizar cuáles palabras se escriben con *y* y cuáles con *ll.* Veremos después que la pronunciación de *ll* es diferente en muchas zonas de España.

Palabras que se escriben con *hi* seguido de *e, hielo, hiedra,* pueden pronunciarse con una semiconsonante [i̯] o con una consonante fricativa [y̌]: *hielo* [i̯elo] ~ [y̌elo].

EJERCICIO 15.

En las siguientes palabras pronuncie siempre /y/ con una consonante palatal fricativa sonora suave con grados moderados de fricción [y̌]. Después de nasal puede aumentar la oclusión si lo desea: [ŷ].

1. mayo	6. una llave	11. yo	16. milla
2. la lluvia	7. cónyuge	12. ella	17. allá
3. con lluvia	8. un yunque	13. con llanto	18. con yeso
4. caballo	9. calle	14. enyesar	19. maya
5. un llavero	10. un yerno	15. ya	20. inyección

EJERCICIO 16.

En las siguientes oraciones atienda a una pronunciación fricativa suave [y] para las letras *y* y *ll.*

1. Ya no va a llover como ayer.
2. Yo vi un llavero lleno de llaves.
3. Guillermo es yanqui como su yerno.
4. Esas llantas son para las calles con hielo.
5. Ella ya no lleva su chiquillo allá.
6. Se oye el llanto de la llorona.
7. En mayo cae la lluvia.
8. Yo ya me voy al yate.
9. La llama de la vela llama a la palomilla.
10. Llene la olla con cebolla.

EJERCICIO 17.

Practique la pronunciación de las siguientes palabras: puede usarse [i̯] o [y̌] indistintamente.

1. hierba   2. hierro   3. hielo   4. hiedra

EJERCICIO 18.
Transcriba fonéticamente las oraciones del ejercicio 16.

CAPITULO 11
Los Sonantes Vibrantes

Los vibrantes del español

Hay dos sonidos vibrantes en español, uno corto que se produce con un solo toque del ápice de la lengua contra los alvéolos y origina la variante simple [r] de *pero, caro*. El segundo es largo, la variante múltiple [r̄] de *perro* y *carro*, que se articula en el mismo punto y que consiste en más de un toque de la lengua contra los alvéolos.

En la producción del sonido simple la lengua se pone en contacto con el paladar una sola vez con bastante tensión. El sonido múltiple se produce cuando el contacto se repite varias veces rápidamente. Si el hablante desea hacer énfasis, puede prolongar el sonido formando una cadena de toques repetidos. Este efecto se logra forzando el aire por encima de la lengua para facilitar las vibraciones múltiples de la misma. En inglés se obtiene un sonido algo parecido cuando se pronuncian palabras en serie que contienen varios toques rápidos y seguidos uno tras otro como en *put it on*, o *edited it*.

Los dos ejemplos de *pero* y *perro* demuestran que la distinción entre la vibrante simple y la múltiple es contrastiva para el hispanohablante, /r/ ≠ /r̄/. Efectivamente, hay muchos pares cuya única distinción estriba en el contraste entre vibrante simple y vibrante múltiple: *ahora* y *ahorra, coro* y *corro, para* y *parra*.

Así, en posición intervocálica los dos sonidos [r] y [r̄] son contrastivos y el hablante nativo tiene que aprender cuál de los dos sonidos es apropiado al significado que desea. Si el hablante quiere usar la palabra *perro* es necesario emplear el fonema múltiple /r̄/; si habla de la *cara* es necesario que pronuncie la palabra con el fonema simple /r/.

EJERCICIO 1.

Practique la pronunciación de /r/ y /r̄/ en posición intervocálica.

1. pero, perro   5. ahora, ahorra
2. caro, carro   6. coro, corro
3. ere, erre   7. pera, perra
4. para, parra   8. poro, porro

En otras posiciones dentro de la palabra, el uso de estos sonidos [r] y [r̄] es diferente. En posición inicial de palabra el uso es **variable**, se oye tanto [r] como [r̄] pero con una marcada preferencia por la variante múltiple. La selección entre estos dos sonidos en posición inicial de palabra parece ser de índole **estilística**, ya que la vibrante múltiple se usa más en situaciones formales y en casos de énfasis.

Dentro de una palabra los sonidos vibrantes pueden agruparse con el sonido vibrante encabezando la sílaba: *al-re-de-dor, Is-ra-el, En-ri-que*. También aquí hay variación entre [r] y [r̄] con preferencia por la vibrante reforzada múltiple [r̄].

EJERCICIO 2.

Practique el refuerzo en posición inicial de sílaba después de consonante y en posición inicial de palabra, usando [r̄] múltiple en las siguientes palabras y frases.

1. el reloj   6. Enrique   11. un ratón   16. enriquecer
2. rosa   7. Roberto   12. real   17. Ricardo
3. regla   8. alrededor   13. el rostro   18. rojo
4. rana   9. en ruta   14. rápido   19. enredar
5. al rancho   10. rico   15. al rato   20. roto

Si se agrupa la /r/ con /b, d, g, p, t, k, f/ en *bravo, drama, grano, apresurar, atraco, crema, frente,* la manifestación fonética es simple, [r]. El sonido vibrante simple [r] también puede preceder a consonantes en posición final de sílaba en grupos como *-rt- puerta, -rn- carnal, -rg- cargo.* La tendencia natural en posición final de sílaba es pronunciar una vibrante simple [r] algo debilitada. Sin embargo, si se quiere dar énfasis a la palabra, es posible reforzarse opcionalmente pronunciando una variante múltiple [r̄]. En posición final de palabra, *dar, comer, revolver,* la pronunciación normal es una vibrante simple, pero también ésta puede reforzarse en casos de énfasis. Este refuerzo enfático en posición final de palabra se dará en casos en que la /r/ se encuentre ante pausa, *¡Vamos a ir!*, o ante consonante, *comer mucho.* Ante palabra que empiece con una vocal se evita el refuerzo; *ver osas* con /r/ reforzada, por ejemplo, podría interpretarse como *ve rosas.*

EJERCICIO 3.
Practique la pronunciación de la /r/ simple en grupos consonánticos.

1. grabar	6. triste	11. cruel	16. presente
2. grosero	7. brillante	12. grueso	17. crepúsculo
3. drama	8. droga	13. propio	18. drástico
4. breve	9. frente	14. trabajo	19. grave
5. creer	10. grande	15. frío	20. profesor

EJERCICIO 4.
Practique la pronunciación de la /r/ simple en posición final de sílaba.

1. arquitecto	6. carbón	11. hablar	16. ir
2. árbol	7. mirto	12. revolver	17. ser
3. acervo	8. servir	13. dar	18. estar
4. hervido	9. parque	14. informar	19. regresar
5. mercado	10. partido	15. bar	20. restaurar

Así, en posición intervocálica hay dos fonemas distintos (Fig. 11.1).

$$/r/ \quad \neq \quad /\bar{r}/$$

$$[r] \qquad\quad [\bar{r}]$$

pero   ≠   perro

Fig. 11.1: Contraste de vibrantes

En ninguna otra posición de la palabra existe la posibilidad de contraste. La pronunciación es variable pero la distribución de [r] y [r̄] tiende a ser **complementaria,** es decir, donde ocurre uno no suele ocurrir el otro, como ilustramos en Fig. 11.2

La /r/ del inglés

En inglés hay varios alófonos de /r/ cuyo uso se determina de acuerdo con la zona de procedencia del hablante. En gran parte de los Estados Unidos, el sonido que se usa es un alófono que no tiene casi nada en común, auditivamente, con los sonidos vibrantes del español. El alófono principal del fonema inglés /r/ en palabras como *red, marry, barley, car,* etc., se produce normalmente sin ningún contacto entre la lengua y el techo de la boca.

	[r]	[r̄]
Inicial de palabra	no	sí
Después de /l, s, n/ inicial de sílaba	no	sí
Despues de /p, t, k, b, d, g, f/ en grupo inicial de sílaba	sí	no
Final de sílaba	sí	no
Final de palabra	sí	no

Fig. 11.2: Distribución de vibrantes

Durante su producción el ápice de la lengua se dobla un poco hacia atrás sin haber tocado el techo de la boca en ninguna parte. La retracción de la lengua en esta posición produce lo que llamamos la **retroflexión** del sonido. El sonido resultante retroflejo es bastante notable auditivamente y su transferencia al español no produce errores de comprensión, pero sí un acento extranjero muy fuerte. En la adopción y el uso de la retroflexión en la pronunciación de las letras *r* y *rr* del español radica probablemente uno de los errores más notables que pueda cometer el anglohablante, y debe evitarse a todo costo.

Existe en inglés un sonido muy semejante tanto auditiva como articulatoriamente al sonido vibrante del español. Aparece en palabras y frases como *pretty, ladder* o *pot of tea*. Este sonido vibrante en inglés se asocia, sin embargo, con las letras *t* y *d* en ciertas posiciones en la palabra o la frase. A veces la enseñanza del fonema /r/ puede facilitarse explicando las semejanzas que tiene la /r/ española con la /t/ y la /d/ inglesas.

EJERCICIO 5.

Practique la pronunciación de la /r/ y la /r̄/ en las siguientes oraciones.

1. Quiero comer una pera.
2. A Cristina le gustan mucho los crucigramas.
3. El trabaja en los tres círculos del circo grande.

4. Comer, dormir, trabajar y hacer el amor hacen la vida mejor.
5. Ahora corre duro en su carro caro pero su perro corre más.
6. Rita Ramos me regaló un reloj roto.
7. Un río rojo corre rápido y revuelto por la tierra.
8. Erre con erre cigarro, erre con erre barril, rápido corren los carros cargados de azúcar del ferrocarril.

EJERCICIO 6.

Lea y pronuncie las siguientes frases con cuidado. Preste atención a la pronunciación correcta de la /r/ y la /r̄/.

1. Para hacer tacos los griegos usan hoja de parra.
2. Carlos ahorra ahora para comprarse un carro caro.
3. A las cuatro corro para cantar en el coro.
4. El encargado del buró es un burro.
5. La torre se encuentra en la plaza de toros.
6. La erre y la ere son dos letras con sonidos distintos.
7. Hay que cerrar la puerta para encerar el piso.
8. En la tierra de los pobres no hay churro duro.
9. Será la puerta de arriba que no está cerrada.
10. Los errores de pronunciación se corrigen con repeticiones correctas.

EJERCICIO 7.

Repita las líneas de este pequeño drama en voz alta con especial atención a las combinaciones de la /r/ con otros fonemas consonánticos.

DRAMA DE LA FIESTA BRAVA

1. El drama de la fiesta brava va al grano de lo que más preocupa a los pobres entre nosotros.
2. Esta tarde tendremos un toro rabioso.
3. Su cuerpo carnoso no podrá pasar por la puerta del corral.
4. Ni una cerca enorme sin puerta alrededor de la bestia controlaba el terror de Carlitos.
5. Durante la larga tarde se observó el esfuerzo arduo de hombre y bestia.
6. Armado solo con la capa y harto de lidiar, el madrileño decidió brindarles la del estribo a los aficionados imprudentes.
7. El gran torero tornó y le dio la espalda a ese arquetipo del poder y la autoridad.
8. Como si esperara la muerte se hincó en un gesto triunfal ante el toro bravo.
9. El madrileño atrevido se quedó inmóvil e intrépido frente al animal embravecido que lo apresuraba.
10. En el crepúsculo de la tarde no quedó ya en la arena más que la cruel mezcla de sangre de hombre y bestia.

EJERCICIO 8.

Transcriba fonéticamente las oraciones de los ejercicios 6, 7 y 8. Use [r̄] para la *r* múltiple y siga la distribución complementaria de la figura 11.2.

EJERCICIO 9.

Hable con un compañero sobre la vida de usted cuando era niño y los cambios que han ocurrido desde aquel entonces. Ponga atención especial en no transferir la retroflexión del inglés a la ere y la erre del español.

CAPITULO 12

La Consonante Lateral /l/

El único fonema lateral común a todos los hablantes del español es /l/ con manifestación fonética normal alveolar [l]. Aparece el fonema /l/ en posición inicial de sílaba, *pela*, de palabra, *lata* y agrupado con /b/, *blusa*, /p/ *placer*, /k/, *cloro*, /g/, *gloria* y /f/, *flecha*. También se encuentra /l/ en posición final de sílaba, *alto*, y final de palabra, *nacional, final*.

El alófono lateral principal se produce normalmente con el ápice de la lengua contra la región alveolar dejando escaparse el aire por los dos lados de la lengua. Es un sonido tenso en el cual la lengua mantiene una posición relativamente alta en la boca.

La articulación tensa con el cuerpo de la lengua elevado también se mantiene cuando el sonido aparece en posición final de sílaba o de palabra como *alba* o *él*. En esa posición, la /l/ cambia ligeramente su punto de articulación ante sonidos dentales, alveopalatales y palatales. Ante /t/ y /d/, el fonema /l/ se pronuncia con un alófono dental [l], *alto, aldea*, ante /č/ el alófono es alveopalatal [l], *colchón*, y ante palatal /y/ se una un alófono palatal [l], *al yate* (esta combinación, /l/ + /y/, no se encuentra en posición interior de palabra). Esta variación ligera en el punto de contacto de la lengua contra el techo de la boca no es muy perceptible al oído. El cambio del lugar de articulación se efectúa para facilitar la transición entre las dos consonantes. En *alto*, por ejemplo, la dentalización de la /l/ anticipa el lugar de articulación de la /t/. El punto de articulación, en vez de cambiarse rápidamente de la alveolar [l] a la dental [t], acaba siendo dental en los dos casos, facilitando así su producción. La /l/, en efecto, se ha vuelto más semejante a la /t/, en su punto de articulación. Ya vimos un semejante en el caso de la asimilación nasal. Al ajuste en el punto de articulación lateral lo llamamos **asimilación lateral**.

En inglés, el fonema lateral /l/ tiene dos alófonos principales. Uno es casi idético al alófono lateral alveolar del español. Aparece esta variante alveolar

[l] en posición inicial de sílaba, *alike, believe,* o inicial de palabra, *lake, leak.* El otro alófono se articula con el cuerpo de la lengua bajo y retraído a una posición más posterior en la boca. A este alófono velarizado lo llamamos en términos comunes la "ele oscura." La [ɫ] velarizada se usa normalmente en inglés si el fonema lateral se encuentra en posición final de sílaba o final de palabra, *sulk, milk, all, ball, call.* El uso del alófono velarizado [ɫ] en palabras del español como *talco, algo, pedal,* no origina una palabra distinta o una falta de comprensión por parte del oyente sino que se percibe como un rasgo totalmente extraño al español. La adopción por influencia inglesa del alófono velarizado [ɫ] es un rasgo del habla de un principiante anglohablante del que el hispanohablante a veces se burla. Forma parte del estereotipo del extranjero que habla el español con un acento muy marcado. Por estas razones el estudiante debe esforzarse en eliminar cualquier velarización de /l/ que pudiera manifestarse en su habla.

EJERCICIO 1.

En el siguiente ejercicio indique donde puede haber un contagio del alófono velarizado del inglés al español.

1. algo	6. el jefe	11. talco	16. el cuarto
2. Lulú	7. alcanzar	12. el joven	17. belga
3. el coronel	8. palco	13. molcajete	18. mal
4. malcriado	9. balcón	14. el ganso	19. sal
5. álgebra	10. pedal	15. loza	20. sol

EJERCICIO 2.

Pronuncie las siguientes palabras con alófonos alveolares evitando totalmente el contagio de la velarización del inglés.

1. al	6. ángel	11. alma	16. falda
2. col	7. mal	12. azul	17. miel
3. vil	8. Lola	13. Brasil	18. cal
4. fatal	9. sal	14. alcohol	19. tal
5. Cozumel	10. fiel	15. cual	20. él

EJERCICIO 3.

Transciba foneticamente las siguientes palabras. Fíjese bien en los grupos consonánticos en que la /l/ final de sílaba se asimila en su punto de articulación a la consonante siguiente.

1. caldo	6. algas	11. aliente	16. desenvuelto
2. colchón	7. aldea	12. algo	17. falda
3. última	8. alpaca	13. alfabeto	18. alfiler
4. alba	9. caldo	14. esmalte	19. Elche
5. calcar	10. alma	15. revuelto	20. rebelde

EJERCICIO 4.

Lea las siguientes oraciones en voz alta evitando la velarización de /l/.

1. La Lupe y la Lolita lavan las faldas y los linos de la familia López de Guayaquil.
2. Al leer las líneas en voz alta se me traba la lengua.
3. Un lunes abrileño en la aldea al lado del lago, se bailó a la luz de la luna azul.
4. Hay algo en la alcoba que algún ladrón se llevó.
5. ¡Qué tal! replicó, al final, el alumno inglés que hablaba tan mal.

Ahora transcriba fonéticamente estas oraciones. Use todos los conocimientos acumulados hasta el momento.

EJERCICIO 5.

Describa a un compañero una ciudad que ha visitado y que le gustó especialmente. Ponga tención en pronunciar todas las /l/ con alófonos alveolares sin velarización.

CAPITULO 13

Las Fricativas /f, s, x/

La fricativa labiodental /f/

La fricativa /f/ es labiodental y tiene un solo alófono principal que es sordo. Este alófono [f] se corresponde exactamente con la fricativa labiodental sorda del inglés de palabras como *friend, finish*. La representación ortográfica de la /f/ también es regular ya que siempre se usa la letra *f*.

La fricativa alveolar /s/

La manifestación fonética de la fricativa alveolar /s/ varía mucho de acuerdo con la región del mundo hispánico. Entre la mayoría de los hispanohablantes, su alófono principal es un sonido sordo, [s], que se corresponde muy bien con el fonema fricativo alveolar sordo del inglés, /s/ que también tiene un alófono principal sordo [s]. Compare por ejemplo la /s/ inglesa de *sun* con la /s/ española de *sol*.

La representación ortográfica de la /s/ en español es algo más complicada. El fonema /s/ puede representarse por la letra *s* ante cualquier vocal: *sí, sé, sapo, sopa, supo*. Para la gran mayoría de los hispanohablantes americanos y muchos de los españoles, el fonema /s/ también se representa con la letra *c* ante las vocales *e* y *i*, en palabras como *cine* y *cena*. Entre estos mismos hablantes el fonema /s/ se representa además mediante la letra *z* ante *a, o* y *u* principalmente, en palabras como *zumo, zorro* y *zapato*. En el caso de la *z* y la *c* ante *i* y *e*, en España, sobre todo en las regiones más norteñas, la correspondencia entre sonido y letra es otra. Para esos hablantes la letra *s* no representa el mismo fonema que las letras *z* y *c*. Esta diferenciación se examinará detalladamente en el capítulo 20. En resumen, todas las letras *z, c* (seguidas de *e* o *i*) y *s* representan en la ortografía del español americano el mismo fonema /s/.

El problema que tienen los anglohablantes con el fonema /s/ no es propiamente de interferencia fonética, ya que el sonido del inglés [s] se adapta perfectamente bien al español, sino que es un problema ortográfico de correspondencias entre sonidos y letras. En inglés, la letra z casi nunca corresponde al fonema /s/ sino que corresponde a otro fonema distinto, /z/ de *zoo, zap, zip.*

La diferencia entre el sonido [s] que es fricativo alveolar sordo y el sonido [z] que es fricativo alveolar sonoro es la sonoridad. Esta diferencia de sonoridad es contrastiva en inglés en el caso de la fricativa alveolar porque hay palabras distintas, *sue* y *zoo, sap* y *zap,* que se forman alternando únicamente este rasgo de sonoridad del fonema inicial. Por consiguiente, el sonido [s] y el sonido [z] pertenecen a dos fonemas distintos en inglés. No es ésa la situación en español; la sonoridad en la fricativa alveolar no es un rasgo distintivo. Puede decirse [sopa] con [s] sorda pero no existe ninguna palabra [zopa], con [z] sonora. De igual manera existe [son] pero no existe [zon].

El objetivo fundamental es que el estudiante se acostumbre a usar el fonema /s/ con una pronunciación sorda, [s], cuando ve la letra z, en palabras como *zapato*, pronunciado [sapato] y no [zapato]; o en la palabra **Martínez**, [martínes] y no [martínez]. La regla es muy simple: siempre se articula /s/ cuando se ve la letra z. Sin embargo, el anglohablante al pronunciar palabras que no conoce bien, tiene a veces dificultades en un primer momento. Esto se debe a que su costumbre de asociar la letra z con el fonema /z/, en inglés, está profundamente arraigada.

EJERCICIO 1.

En el siguiente ejercicio lea las palabras fijándose bien en la representación ortográfica del fonema /s/. Después transcriba estas palabras usando símbolos fonéticos.

1. cine	6. secreto	11. feliz
2. coca cola	7. zarzuela	12. paz
3. casuela	8. zorro	13. susurro
4. Pérez	9. sábanas	14. mezcla
5. azotea	10. Gonzales	15. zócalo

Hasta este momento hemos dicho que el sonido principal de la fricativa alveolar /s/ es un alófono sordo [s]. Indicamos que en inglés no solamente existe un sonido sonoro [z], sino que este sonido contrasta con el sonido sordo [s] y que los dos sonidos son, por consiguiente, dos fonemas distintos: /s/ ≠ /z/. En español también existe un sonido sonoro semejante al sonido [z] del inglés. Pero como hemos indicado, no existe ninguna posibilidad de contrastar el sonido sonoro [z] con el sordo. La [s] sorda se usa en posición inicial de sílaba o de palabra, *casa, sopa,* en posición final de sílaba, *este,* o de palabra ante una consonante sorda, *es todo.* La [z] sonora se produce solamente en posición final de sílaba o de palabra si le sigue una consonante sonora, *desde, es donde.* Por consiguiente el alófono sordo [s] nunca aparece en el mismo contexto donde aparece el alófono sonoro [z]. Esta clase de distribución de sonidos la llamamos **distribución complementaria.** El alófono sordo [s] y el alófono sonoro [z] se complementan: el uno nunca aparece donde se usa el otro. Los dos sonidos, [s] y [z], tienen que ser alófonos de un solo fonema puesto que no hay posibilidad de contraste. El fonema fricativo alveolar /s/, tiene dos realizaciones, una sorda [s] y la otra sonora [z].

	Ante Vocal	Ante Consonante Sorda	Ante Consonante Sonora
[s]	sí +	sí +	no −
[z]	no −	no −	sí +

Fig. 13.2: Distribución complementaria de los dos alófonos de /s/

El proceso que hemos descrito se denomina **asimilación de sonoridad.** Hemos visto que la asimilación es el proceso mediante el cual un sonido se hace más semejante a otro. La asimilación de sonoridad de /s/ se produce solamente cuando ocurre ante consonante. Nunca se da en ninguna otra posición en la palabra. Si la [s] es inicial de sílaba, *sopa* o *casa,* el alófono usado es siempre sordo. La representación sorda, [s], es mucho más común que la [z], ya que puede aparecer como inicial de palabra, *sopa,* inicial de sílaba interior de palabra, *casa,* final de palabra, *casas,* o final de sílaba ante consonante sorda, *este.* La variante sonora [z], en cambio aparece solamente ante consonante sonora, *mismo, es lodo.*

EJERCICIO 2.

En el ejercicio siguiente transcriba las palabras usando los símbolos fonéticos sordo [s] y sonoro [z], según el caso.

1. espejo	6. asno	11. esbelto	16. estudiar
2. resto	7. hazlo	12. basta	17. espía
3. caspa	8. hasta	13. desde	18. cosmos
4. mismo	9. espuma	14. escuela	19. antes
5. esclavo	10. sano	15. musgo	20. pasa

EJERCICIO 3.

Transcriba las siguientes oraciones usando símbolos fonéticos.

1. Esto no es de aquí; lo habrás traído de España.
2. Este hombre estudió desde el verano pasado, pero el resto del año no hizo nada.
3. Es la misma actitud: siempre piensas en ti mismo.
4. Cada vez que dices adiós, decides quedarte.
5. Demasiado es más de lo que debe ser.

EJERCICIO 4.

Lea en voz alta los ejercicios 2 y 3 poniendo atención en la pronunciación correcta de la /s/ con [s] sorda o [z] sonora.

Volvamos ahora al problema ortográfico que mencionamos antes. Dijimos que uno de los problemas que tiene el anglohablante con la /s/ es el de romper el hábito de asociar un sonido sonoro [z] con la letra *z*. Incluso en inglés se pronuncia [z] cuando la letra no es *z*. La *s* intervocálica, por ejemplo, de *visit, present,* o la final de *has, is* y *was* se pronuncian con el sonido sonoro [z]. La representación de la letra *s* con [z] en estos contextos es un grave defecto en español, y se requiere mucha práctica para corregirlo. Como estrategia para los principiantes, si el anglohablante pronuncia siempre [s] sorda y nunca sonora [z] pronunciará correctamente casi todas las palabras, aunque sabemos que el sonido sonoro [z] existe en español. Sin embargo, vimos que esta [z] sonora tiene en español una función diferente. En inglés por ser contrastiva, la sonoridad de [z] es un rasgo distintivo. En español, en cambio, el rasgo de sonoridad en la fricativa alveolar no es distintivo, y el sonido sonoro no es un fonema distinto sino un alófono del fonema /s/.

Aunque en un plano teórico esto parece ser complicado, no lo es en la práctica del habla normal. La asimilación de sonoridad es un rasgo tan fácil de adquirir que, una vez que lo principiantes hayan alcanzado cierta práctica en hablar español sin separar anormalmente las palabras, lo harán inconscientemente sin explicación o ayuda alguna.

EJERCICIO 5.

Pronuncie las siguientes palabras en español evitando el uso de la [z] sonora. Compárelas con las palabras similares del inglés que se pronuncian con /z/.

ESPAÑOL	INGLÉS
1. rosa	1. rose
2. presidente	2. president
3. presente	3. present

4. José	4. Jose
5. Susana	5. Susan
6. visita	6. visit
7. música	7. music
8. abusar	8. abuse
9. presidir	9. preside
10. presentar	10. present

La fricativa velar /x/

Usamos el símbolo /x/ para representar el fonema que ortográficamente puede escribirse en español con las letras *j* y *g*, ésta útima en caso de que aparezca ante las vocales *e* o *i*. La jota española es un sonido fricativo muy posterior, pero el lugar exacto de articulación varía según el hablante. Sus alófonos principales son normalmente sordos. También es muy variable el grado de fricción. La jota del español americano es generalmente velar con grados moderados de fricción [x]. Si relajamos la articulación y el grado de fricción de este sonido y si la lengua no se encuentra tan cerca del velo del paladar, el resultado será un sonido muy poco fricativo, algo débil y más posterior. El resultado de esta relajación de la articulación de la /x/ es muy parecido a la [h] del inglés, de *hat, heavy*. Esta manifestación de la /x/ es muy común en el mundo hispánico y por esta razón la adopción de la [h] del inglés no causará normalmente ningún problema.

EJERCICIO 6.

Pronuncie las siguientes palabras con [x] fricativa velar sorda tensa y después con un sonido más débil y relajado, [h].

1. jefe	6. México	11. Jaime
2. gente	7. hijo	12. ajo
3. paja	8. ángel	13. ginebra
4. ojalá	9. Xavier	14. jarabe
5. general	10. jota	15. gitano

EJERCICIO 7.

En el siguiente ejercicio practique la pronunciación de la jota, /x/, pronunciándola primero con grados moderados de fricción y después con una variante más débil.

1. Ese joven es un jinete ejemplar.
2. Xavier Jesús Borges es general del ejército argentino.
3. Generalmente la gente de buen genio no se enoja.
4. Jorge y Jaime Jiménez juegan ajedrez en Los Angeles.
5. Guanajuato, Guadalajara y Jalisco son ejemplos de nombres mexicanos.

EJERCICIO 8.

Transcriba las oraciones del ejercicio anterior usando [x] para las letras *j* o *g* cuando representen el fonema /x/.

EJERCICIO 9.

Hable con un compañero de clase sobre las comidas. Apunte sus ideas sobre las que más le gustan, las que usted sabe preparar, las comidas exóticas que ha probado. Mencione platos típicos de países hispánicos si los conoce. En su conversación trate de (1) usar un ritmo silábico, (2) evitar la *schwa*, (3) pronunciar todas las vocales cortas y tensas, (4) usar variantes suaves de /b, d, g/ y (5) evitar el uso erróneo de [z].

CAPITULO 14
Las Secuencias de Vocales

En los capítulos precedentes apenas hicimos mención de la pronunciación de las vocales contiguas, es decir, del encuentro de dos o más vocales. Hemos visto que, en ciertas circunstancias, el encuentro de dos vocales origina un *diptongo*, que definimos como la pronunciación de dos vocales en una sola sílaba. Vimos que los diptongos sólo se forman si una de las dos vocales es o /i/ o /u/ átonas. Nos sirven de ejemplo palabras como *aire, causa, tiene, peineta, deuda*.

En el capítulo 7 vimos que cuando dos vocales se encuentran sucesivamente entre dos palabras, el hablante las enlaza en su pronunciación evitando cualquier interrupción de sonoridad entre ellas. Por eso, en formas como *No la he visto*, ya hemos indicado en las transcripciones foneticas que se debe pronunciar la /a/ y la /e/ enlazadas con transición suave: /no la̮ e bisto./

En este capítulo examinaremos estos dos fenómenos, la diptongación y el enlace vocálico, de manera más detallada. Nos interesa especialmente este rasgo del español porque la tendencia a evitar la separación fonética de las vocales, aunque estén en dos palabras distintas, es uno de los rasgos que ocasiona más dificultades en la comprensión del español por principiantes, sobre todo cuando se habla de manera familiar y espontánea. Es particularmente difícil para el principiante anglohablante, que está más acostumbrado a oír más consonantes contiguas que vocales. Además, en inglés, siempre existe la posibilidad de separar dos vocales contiguas por medio del llamado **golpe de glotis**, *I'll buy oranges* con golpe de glotis entre *buy* y *oranges*.

La diptongación entre palabras

Hasta este punto hemos indicado que hay enlace entre palabras si una termina en vocal y la otra comienza con vocal. Además, en el habla normal, el hablante también puede reducir opcionalmente la duración de las vocales y pronunciarlas en una sola sílaba en forma de diptongo. Este fenómeno se da bajo las mismas condiciones en interior de palabra, es decir, en los casos en que una de las dos vocales es /i/ o /u/ átonas: *casi allí, he iniciado, habló inmediatamente,* etc. La diferencia entre una pronunciación formal, con enlace vocálico pero sin la reducción de las sílabas a una sola y una pronunciación más familiar con reducción a un diptongo radica esencialmente en la fuerza articulatoria y en la duración vocálica siendo el diptongo naturalmente más corto.

EJERCICIO 1.
Pronuncie las siguientes frases en voz alta. Pronúncielas rápidamente para que las dos vocales—la final y la inicial—se fundan en un diptongo, es decir, en una sola sílaba.

1. comió instantaneamente
2. estaba hinchada
3. uno u otro
4. mi universidad
5. la unificación
6. tu hermano
7. se interesó
8. casi allí
9. terminó y se sentó
10. la independencia

EJERCICIO 2.
Transcriba las frases del ejercicio 1 con símbolos fonéticos.

Ejemplo: habló inocentemente [a-βloi no sen̦ te men̦ te].

La reducción de vocales idénticas
Al encontrarse dos vocales idénticas entre dos palabras, es opcional pero común, su reducción a una sola vocal y una sola sílaba. Por ejemplo, en el habla rápida, *mi hijo* se pronuncia con dos sílabas [mi-xo]. Por estar compuesta de dos vocales originalmente, esta nueva sílaba es, a veces, un poco más larga que una sílaba con una sola vocal [mii-xo]. Por supuesto, si se produce pausa entre las dos palabras, no habrá ni enlace ni reducción.

EJERCICIO 3.
En las siguientes oraciones, pronuncie primero muy cuidadosamente manteniendo las dos vocales en sílabas separadas. Repita el ejercicio y la segunda vez procure mantener el enlace y no haga ninguna separación fonética de las dos vocales.

1. la amistad
2. le he leído el cuento
3. otro otoño
4. me esperas
5. mi tío Orlando
6. la casa amarilla
7. su único amor
8. se ve que ese extranjero oye

    9. José Estrada   13. Lulú Urdanivia
10. un oso horrible   14. mi íntimo amigo
11. hasta que no lo había hablado   15. se me escapó
12. ese hermosos oso

EJERCICIO 4.
Transcriba las frases del Ejercicio 3 usando símbolos fonéticos.

   Ejemplo: se retiró honestamente   [se-r̄e-ti-ro nes-ta-men̦-te]

Dentro de una palabra también pueden reducirse dos vocales idénticas en el habla rápida, pero es menos común que entre dos palabras. Así pues, *alcohol* puede pronunciarse /alkool/ o /alkol/, con una /o/ más larga que la /o/ simple. Compare, por ejemplo, la diferencia en duración de la /o/ en *alcohol* y *farol*. En palabras con multiples formas relacionadas en las que la vocal es tónica, es más rara la reducción. Así la reducción es menos común, pero posible, en palabras como *leer* (cf., *lee*) *creer* (cf. *cree*), *paseemos* (cf. *pasee*). También puede influir la posición en la frase—si se da en posición interior átona, se reduce más facilmente que en posición final tónica. Compare, por ejemplo, la palabra *leer* en *no lo voy a leer*, con *leer* en *voy a leer un libro*.

EJERCICIO 5.
Ponga las siguientes palabras en un contexto que favorezca más la reducción en una sola sílaba (aunque sea solamente parcial) y después en un contexto que favorezca la conservación de las dos sílabas.

   1. creencia   4. moho   7. proveer
   2. alcohol   5. rehén   8. aprehender
   3. Sahara   6. vehemente   9. azahar

La reducción de las vocales /a, o, e/ átonas
Es frecuente en el habla rápida que se reduzca, o incluso que se elimine por completo una /a/ ante otra vocal, por ejemplo en *la insistencia*, /e/ ante /i/ *le invite*, y /o/ ante /u/, *lo unieron*. Lo más aceptable en el habla formal y esmerada es el enlace sin reducción.

EJERCICIO 6.
En el siguiente ejercicio lea en voz alta las siguientes frases manteniendo las vocales finales pero enlazándolas con la vocal siguiente. Después pronúncielas rápidamente, eliminado la primera vocal.

   1. La insitencia logra el éxito universitario.

2. Lo hundieron al pobre animal para evitar problemas.
3. Esa casa es de la viuda Estrada.
4. Habla en voz alta y te oirá la hermana.
5. Mi enemigo es mi mismo ocio o algo así.
6. La pera es deliciosa y el mango huele a azahar.
7. Es una chica obviamente atractiva en lo físico.
8. Lo único que la escuela enseña es la lengua española.

EJERCICIO 7.

En las siguientes frases evite la separación vocálica realizando el enlace en todos los casos posibles.

1. Un comentario oral o escrito es lo usual en esta aula.
2. No vale hablar de nada horrible aquí o allá.
3. Se trata a la esposa mejor cuando lo merece menos.
4. Es difícil y casi imposible imitar el idioma inglés.
5. De un lado a otro oscila el péndulo inquieto.
6. Allá en Cuzco queda el imponente y hermoso Machu Picchu.
7. Ocho y ocho y nueve llegan a veinte y cinco agregados.
8. El cristiano Alberto entiende la obra de Agustín.

EJERCICIO 8.

Lea los siguientes versos, poniendo atención en el enlace vocálico.

Yo soy un hombre sincero
de donde crece la palma,
y antes de morirme quiero
echar mis versos del alma

Mi verso es de un verde claro
y de un carmín encendido:
mi verso es un ciervo herido
que busca en el monte amparo.

Con los pobres de la tierra
quiero yo mi suerte echar:
el arroyo de la sierra
me complace más que el mar.
                                    José Martí

Finalmente, hay que mencionar que la tendencia hacia la reducción de dos vocales a una sola sílaba en el habla rápida es tan fuerte que, a veces, combinaciones de /e/ más vocal u /o/ más vocal, éstas se substituyen por /i/ y

/u/ respectivamente para poder formar diptongo. Así por ejemplo, *teatro* a veces se pronuncia [tiatro], *peor* [pior] y toalla [tuaya]. En otros casos se consigue la reducción a diptongo mediante un cambio en el lugar del acento prosódico. Así, *maíz* se pronuncia [máis] y *país* [páis]. Aunque este proceso de diptongación es muy natural y tiene siglos de existencia en el habla de todos los países del mundo hispánico, no es aceptable para el uso de la lengua en situaciones formales o cuando uno quiere expresarse con mucho esmero.

No debe pensarse que es necesario memorizar las reglas de reducción vocálica que hemos presentado en esta sección. En primer lugar, la información que hemos visto es muy incompleta. En segundo lugar sería imposible aplicar este complicado sistema de reducción vocálica conscientemente en el habla—no lo hace el nativo y no lo podría hacer el que aprende el español. En cambio, es relativamente fácil producir secuencias de vocales aceptablemente pronunciadas si se tiene en cuenta el principio general de no separar nunca las cadenas de vocales cualesquiera que sean. El término para el fenómeno del enlace vocálico es la **sinalefa** y la separación de vocales se denomina **hiato**.

CAPITULO 15

La Entonación

Cuando se escucha una oración de una lengua humana se percibe algo más que el conjunto de las consonantes y las vocales. Estas van acompañadas por el acento prosódico de la palabra y también por acentos que dan énfasis a fragmentos de la oración entera. Tampoco aparecen los segmentos en una serie regular sin ritmos, cambios de volumen o sin el color de las frases declarativas, interrogativas o de exclamación. La melodía total incluye efectos de volumen, de tono, de prolongación, de ritmo y de tantos contornos terminales como los de la frase entera. A todo este segundo conjunto de efectos audibles le damos el nombre general de **rasgos suprasegmentales**.

Contornos terminales

Hay tres maneras básicas de terminar una oración en español, es decir, tres formas de pasar de la comunicación al silencio.

1. El tono cae al final, indicado con (↓).
2. El tono sube, al final indicado con (↑).
3. El tono ni sube ni baja, indicado con (→).

El tono baja o cae al final de las oraciones declarativas y de las preguntas que comienzan con *cuándo, cuánto, qué,* etc.

1. Oraciones declarativas—*Nosotros estudiamos mucho.*   (↓)
2. Oraciones interrogativas—*¿Cuándo viene el maestro?*   (↓)
   ¿De dónde son ustedes?   (↓).

El tono sube al final de las preguntas que requieren una contestación de sí o no.

1. *¿Tienes hambre mi hijito?* (↑)
2. *¿Le puedo ayudar con algo?* (↑)

El tono continúa inalterado (ni sube ni baja) para señalar al oyente que sigue algo más, como en las pausas de una serie. Ejemplo:

Estela vino a la fiesta, (→)
trajo los tamales y el pan dulce, (→)
y también preparó una olla grande de chocolate. (↓)

Todo este grupo de cambios tonales ocurre al final de la frase y por tanto se les denomina **contornos terminales**.

Tonos intercalados

La **entonación** consta de varios factores, y hemos visto cómo funciona el **acento prosódico**, pronunciando más fuerte una sílaba que en otra. Sin embargo, un factor de suma importancia es el **tono**, o sea, la frecuencia de vibraciones que causa la voz al producir (en términos musicales) un sonido más alto o más bajo.

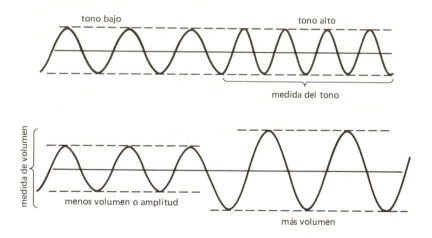

Fig. 15.1: El tono y la amplitud

La frecuencia de las ondas sonoras (tono) depende de la tensión de las cuerdas vocales. Cuanta más tensión tengan, más rápidas resultan las vibraciones de las ondas y, por lo tanto, más alto el tono.

Los aspectos musicales del tono no son los que nos interesan aquí. Hemos de ver la manera en que las alteraciones del tono cambian también el significado de las palabras y las frases.

El hispanohablante funciona con tres niveles de tono mientras que el anglohablante usa cuatro. Naturalmente, se considera el tono de forma relativa y no absoluta para indicar los "subes y bajas".

El tercer tono, el más alto, generalmente se reserva para corregir, contradecir o pronunciar algo con un énfasis:

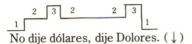

No dije dólares, dije Dolores. (↓)

Las cuatro pautas siguientes se pueden aprender con relative facilidad pero se han de considerar como una minima parte de la entonación total. Los tres tonos básicos dentro de la melodía española también se denominan (1) el bajo, (2) el mediano, (3) el alto. Recuerde que con los términos bajo, mediano, y alto no nos referimos al volumen de la voz, sino a la altura del tono de la voz como si tratara de términos musicales.

1. La oración sin énfasis ni color destacado tiene la enumeración 1221, como en:

Nosotros estudiamos mucho.   1221 (↓)

El tono empieza en el nivel más bajo, sube al nivel intermedio en la primera sílaba tónica, y baja al nivel primario en la última sílaba.

2. En las oraciones enfáticas sube la voz en la última sílaba tónica hasta el tono del nivel tres:

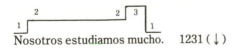

Nosotros estudiamos mucho.   1231 (↓)

3. Las oraciones interrogativas tienen exactamente el mismo patrón que las declarativas: (1)221 (↓) para las no enfáticas; (1)231 (↓) y para las enfáticas:

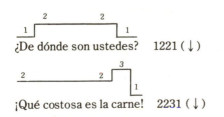

¿De dónde son ustedes?   1221 (↓)

¡Qué costosa es la carne!   2231 (↓)

4. Las oraciones en serie y las interrogativas que se pueden contestar simplemente con sí o no llevan la misma entonación, que es (1)222. La diferencia radica en que las oraciones en serie llevan la flecha horizontal indicando que el tono terminal se queda en un nivel (1222→) mientras que las interrogativas contestadas con sí o no tiene el contorno terminal ascendente.

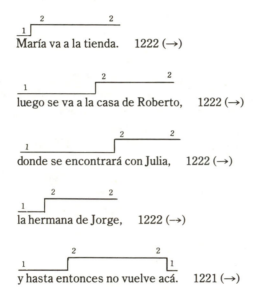

María va a la tienda.   1222 (→)

luego se va a la casa de Roberto,   1222 (→)

donde se encontrará con Julia,   1222 (→)

la hermana de Jorge,   1222 (→)

y hasta entonces no vuelve acá.   1221 (→)

5. Las preguntas que se contestan con sí o no toman el patrón (1) 222 (↑):

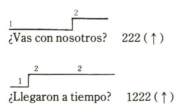

¿Vas con nosotros?   222 (↑)

¿Llegaron a tiempo?   1222 (↑)

La combinación de estos tonos junto con la pronunciación de grupos de palabras y el acento prosódico de éstas produce la **entonación** total de la frase.

EJERCICIO 1.
Indique el contorno terminal y los tonos marcados con la línea de entonación de las siguientes frases.

Ejemplo: María es mi tía. ↓
1. ¿Quién es ese hombre?
2. Mi nombre es Juan López.
3. Soy de Chihuahua, México.
4. ¿Hay trabajo por aquí?
5. Depende de la temporada.
6. ¿Cuál es la fecha?
7. ¿Ya comenzó la cosecha?
8. Sí, necesito más trabajadores.
9. En mi casa hay muchos.
10. ¿Tiene usted hermanos?
11. Todos los pobres son mis hermanos.
12. Pues que vengan seis.

EJERCICIO 2.

Lea en voz alta los siguientes párrafos. Tenga en cuenta la intención de dejar la herencia mencionada a la persona cuya identificación está subrayada.

1. ¿Dejo mis bienes a mi sobrino? No, a mi hermano. Tampoco, jamás se pagará la cuenta del sastre. Nunca, de ningún modo para los mendigos. Todo lo dicho es mi deseo. Yo, Federico Alvarez.
2. Dejo mis bienes a mi sobrino, no a mi hermano. Tampoco, jamás se pagará la cuenta del sastre. Nunca, de ningún modo para los mendigos. Todo lo dicho es mi deseo. Yo, Federico Alvarez.
3. ¿Dejo mis bienes a mi sobrino? No. ¿A mi hermano? Tampoco, jamás. Se pagará la cuenta del sastre. Nunca, de ningún modo para los mendigos. Todo lo dicho es mi deseo. Yo, Federico Alvarez.
4. ¿Dejo mis bienes a mi sobrino? No. ¿A mi hermano? Tampoco, jamás. ¿Se pagará la cuenta del sastre? Nunca, de ningún modo. Para los mendigos todo. Lo dicho es mi deseo, yo, Federico Alvarez.
5. ¿Dejo mis bienes a mi sobrino? No. ¿A mi hermano? Tampoco. Jamás se pagará la cuenta del sastre. Nunca, de ningún modo para los mendigos. Todo lo dicho es mi deseo. Yo, Federico Alvarez.

(En esta última forma no habría dejado heredero y el dinero habría vuelto al estado.)

EJERCICIO 3.

Lea los papeles de esta pieza con el énfasis indicado por el contexto.

La chinita, en el fondo del jacal, se mete la teta en el huipil apartando de su lado al crío que berrea y se revuelca en tierra. Acude a levantarle con una

azotina, y suspenso de una oreja le pone fuera del techado. Se queda la chinita al canto del marido, atenta a los trazos del pincel, que decora el barro de una güeja:
—¡Zacarías, mucho callas!
—Di no más.
—No tengo un centavito.
—Hoy coceré los barros.
—¿Y en el entanto?
Zacarías repuso con una sonrisa atravesada.
—¡No me friegues. Estas cuaresmas el ayunar está muy recomendado.
Y quedó con el pincelillo suspenso en el aire, porque era sobre la puerta del jacal el Coronelito Dominicano de la Gándara: Un dedo en los labios.

El cholo, con level carrerilla de pies descalzos, se junta al coronelito. Platican alterados en la vera de un maguey culebrón.
—Zacarías, ¿quieres ayudarme a salir de un mal paso?
—Patroncito, bastantemente lo sabe.
—La cabeza me huele a pólvora. Envidias son de mi compadre Santos Banderas. ¿Tú quieres ayudarme?
—¡No más diga, y obedecerle!
—¿Cómo proporcionarme un caballo?
—Tres veredas hay, patroncito: Se compra, se pide a un amigo o se le toma.
—Sin plata no se compra. El amigo nos falta. ¿Y dónde descubres tú un guaco para bolearle? Tengo sobre los pasos una punta de cabrones. ¡Verás nomás! La idea que traía formada es que me subieses una canoa a Potrero Negrete.
—Pues a no dilatarlo, mi jefe. La canoa tengo en los bejucales.
—Debo decirte que te juegas la respiración, Zacarías.
—¡Para lo que dan por ella, patroncito.

—de *Tirano Banderas*, Ramón del Valle-Inclán

CAPITULO 16
El Acento Ortográfico

Existen cuatro patrones de acentuación en español. Si el acento prosódico recae en la última sílaba la palabra es **aguda,** *terminó, publicó, numeró,* si recae en la penúltima sílaba (la que viene inmediatamente antes de la última) la palabra es **llana,** *termino, publico, numero,* y si recae en la sílaba anterior a la penúltima, es decir, en la antepenúltima, la palabra es **esdrújula,** *término, público, número.* Unas pocas palabras llevan el acento prosódico en la sílaba anterior a la antepenúltima. Estas se llaman **sobreesdrújulas,** *termínamelo, publícaselo, enuméranosla.*

Son muchos los casos en que cambia el sentido de la palabra según sea la acentuación prosódica. Esto indica que el acento prosódico también produce contraste y funciona en pares mínimos como *hábito* y *habito, cortes* y *cortés, hacia* y *hacía, trabajo* y *trabajó.*

El único acento escrito empleado en la acentuación ortográfica del español es el agudo (é). A veces se encuentra en palabras extranjeras el acento grave (`) o el circumflejo (^). Estos acentos, que en ciertas épocas se ha intentado introducir en el español, se usan en portugués y en francés pero nunca en español. El diacrítico que se pone sobre la letra *ñ* es la tilde (~). Los dos puntos (¨) se llaman diéresis.

Las reglas

1. Las palabras terminadas en vocal o las consonantes *n, s* llevan acento ortográfico si son agudas: *mamá, estudié, llegó, desdén, cortés.*

2. Las palabras terminadas en cualquier consonante excepto *n* y *s* llevan acento ortográfico si son llanas: *árbol, carácter, difícil.*

3. Todas las palabras esdrújulas o sobreesdrújulas llevan acento ortográfico: *bárbaro, gramática, dígamelo.*

La regla (1) nos dice que la pronunciación 'normal' de toda palabra terminada con vocal, *n* o *s* es con el acento prosódico en la penúltima sílaba. Si no cae allí, se usa el acento escrito para marcar la sílaba de mayor fuerza: *mama* vs *mamá, papa* vs *papá.*

La regla (2) puede considerarse desde dos perspectivas. Toda palabra aguda tiene que llevar acento escrito si no termina en consonante (exceptuando *n* o *s*): *habló, terminé, publicó, inglés, están.* O, por otro lado, si las palabras terminadas en consonante no son agudas, es necesario el acento escrito para indicar la sílaba tónica: *fácil, difícil, revólver.* Las palabras terminadas en consonante normalmente son agudas, es decir, con acento prosódico en la última sílaba y, por consecuencia, no llevan acento, *barril, normal.*

Todas las palabras esdrújulas llevarán acento ortográfico por el simple hecho de que la gran mayoría de las palabras españolas son agudas o llanas, *lástima, concéntrico, última.*

Estas reglas se propusieron para poder indicar el lugar del acento prosódico de una manera completa pero sin grandes complicaciones. Las reglas de colocación del acento ortográfico se formularon para poder indicar el lugar que ocupa el acento prosódico en el mayor número de casos sin tener que escribir siempre el acento ortográfico. Para llegar a entender la formulación de las reglas hay que examinar la correspondencia entre la forma ortográfica de las palabras y su correlación con el lugar del acento prosódico.

La gran mayoría de las palabras españolas terminan en vocal. Las palabras que terminan en las consonantes (*s, n, l, d, r, x, z*) son menos comunes. Lo que es más, en su mayoría, las palabras que terminan en vocal son llanas, es decir, tienen el acento prosódico en la penúltima sílaba. Las reglas de colocación del acento ortográfico se formularon para reflejar esta regularidad. Por consiguiente las palabras que terminan en vocal (los casos de *n* y *s* se discutirán a continuación) se acentúan ortográficamente solamente si son agudas, *casó, terminó,* según (1) o si son esdrújulas (o sobreesdrújulas), *término,* según (3). No llevan acento ortográfico las llanas, precisamente el patrón de acentuación más común, *casa, tanta, seguro.*

La mayoría de las palabras que terminan en consonante (con la excepción de *n* y *s*) son agudas: *neutral, hablar, verdad.* Por consiguiente, siguiendo la regla (2) llevan acento ortográfico solamente las palabras llanas, *carácter, fácil.*

Cabe ahora preguntarse por qué constituyen una excepción a estas reglas las letras *n* y *s.* Si consideráramos solamente los sutantivos y adjetivos, no tendríamos que clasificar estas letras como exepciones, porque la mayoría de los sustantivos y adjetivos que terminan en -n o -s son agudos, *hombrón, cortés.* Pero dentro de la conjugación verbal la *s* y la *n* son desinencias muy comunes. Estas desinencias no afectan al lugar del acento prosódico, así que se acentúa prosódicamente *hablas* y *hablan* igual que *habla*. Por esa razón, al formular la regla de colocación del acento ortográfico es necesario considerar a la *s* y la *n* en el grupo de las vocales, porque de otro modo se tendría que escribir un acento ortográfico en miles de formas verbales.

Consideremos uno por uno los diferentes grupos de palabras con acento escrito comparándolos con palabras sin acento ortográfico.

Si una palabra termina en vocal (*n*, *s*) y no es llana, es decir, es esdrújula o aguda, llevará acento escrito sobre la sílaba tónica. Son comunes las palabras esdrújulas que terminan en una vocal *lástima*, *catástrofe*, *kilómetro*. Un subgrupo lo forman palabras con la desinencia *-ico*: *narcótico*, *orgánico*, *matemático*, *tópico*, *académico*. Dentro de la conjugación verbal hay unas pocas formas esdrújulas (todas terminadas en -s): las formas de la primera persona del plural del imperfecto de indicativo, *hablábamos*, *explicábamos*, *tomábamos*, o el imperfecto de subjuntivo, *presentáramos*, *cantáramos*, *manejáramos*. Entre las palabras agudas que terminan en vocal (*n*, *s*) son frecuentes las formas verbales del futuro de indicativo: *comeré*, *comerás*, *comerá*, *comerán*, *viviré*, *vivirás*, *vivirán*, el pretérito: *hablé*, *viví*, *comí*, *habló*, *vivió*, *comió*, y algunas pocas palabras que pueden ser adverbios, adjetivos o sustantivos, como por ejemplo, *aquí*, *colibrí*, y *mamá*.

EJERCICIO 1.

Las siguientes palabras son sustantivos o adjetivos que son esdrújulos o llanos, es decir, la sílaba tónica es la antepenúltima o la penúltima. Subraye la sílaba tónica y escriba el acento sobre las palabras esdrújulas.

1. arabe	11. absurdo	21. epoca	31. lagrima	41. madera
2. acido	12. bodega	22. locura	32. visible	42. metodo
3. bufalo	13. garganta	23. zapato	33. anillo	43. panico
4. catalogo	14. articulo	24. estupido	34. logico	44. instinto
5. talento	15. hermano	25. batalla	35. platano	45. palabra
6. barbaro	16. aguila	26. silaba	36. fragante	46. pajaro
7. comico	17. capitulo	27. heroe	37. gallina	47. refresco
8. espiritu	18. comodo	28. vacante	38. linea	48. peligro
9. estomago	19. oscuro	29. ventaja	39. minimo	49. verano
10. arido	20. ejercicio	30. patata	40. llamada	50. sabado

EJERCICIO 2.

Las siguientes palabras son sustantivos, adverbios y adjetivos llanos o agudos, es decir, la sílaba tónica es la penúltima o la última. Subraye la sílaba tónica y escriba el acento sobre las palabras agudas.

1. alla	11. encena	21. abismo	31. sofa
2. menu	12. caro	22. acre	32. quiza
3. nube	13. aqui	23. coro	33. gringo
4. blusa	14. dedo	24. bambu	34. champu
5. cama	15. niño	25. esclavo	35. esqui
6. aca	16. cafe	26. sobre	36. comite
7. digno	17. alli	27. silla	37. mesa
8. gordo	18. cero	28. manzana	38. puntapie
9. farsa	19. zeta	29. herido	39. mani
10. asi	20. ahi	30. colibri	40. hincapie

Centrémonos ahora en las formas verbales. Son dos los tiempos que necesitan atención especial en la colocación correcta del acento ortográfico. Son las formas del futuro: *hablaré, hablarás, hablará, hablarán,* y la primera y tercera personas del pretérito: *hablé, habló.* En algunos casos, podemos crear pares mínimos cuya diferencia está solamente en la posición de la sílaba tónica. Por ejemplo, *él hablará* junto a *quería que él hablara*; *yo hablé* junto a *hable Ud.*; *él habló* junto a *yo hablo.*

EJERCICIO 3.

Las siguientes oraciones contienen formas verbales. Subraye la sílaba tónica y escriba el acento en las formas verbales que son agudas.

1. Yo hablare con Ud. mañana.
2. Juan converso ayer durante dos horas con sus profesoras.
3. ¿Comio Ud. en ese restaurante anoche?
4. Yo canto en el coro todos los domingos.
5. Mario mando la carta hace dos meses.
6. El profesor explico la lección para que los estudiantes entendieran.
7. Ayer hable con mis padres.
8. Señor, ¡saque esa fotografía ahora, y no espere más!
9. Ayer dejo el coche en casa.
10. Andrés salio para México ayer.
11. Señora, ¡escriba su nombre aquí!
12. Carlitos, ¡come tu pan ahora mismo!
13. Ese hombre cometio diez crímenes en cinco días.
14. ¿A qué hora salio Ud. de Los Angeles?
15. Ayer perdi las llaves en la playa.
16. Vivi en Santa Ana dos meses.
17. Juan le pedira dinero a su padre.
18. Quiero ir a México este verano en coche.
19. Escribo los números de teléfono en mi libro.
20. Naci el 29 de abril de 1956.
21. El niño no obedecio y se fue a dormir sin comer.
22. El policía dirigio los coches por la derecha.

23. Yo siempre viajo en coche.
24. Yo dividi los dulces entre los niños.
25. ¿Adónde viajo Ud. el verano pasado?

Pasamos ahora a examinar las palabras que terminan en consonante. Hay muy pocas consonantes que se usan en posición final de palabra en español: la *d* de *verdad*, la *z* de *barniz*, la *r* de *autor*, y la *r*, *n* y *s* que son muy comunes en las formas verbales: la *r* en el caso de infinitivos, *hablar, comer*, la *n* como indicador de la tercera persona del plural, *nadan, saltaron, trabajan*, y la *s* en el caso de la segunda persona del singular *tú tienes, tú estudiabas*. En el caso de los infinitivos, es la última sílaba la tónica, *jugar, traer*, de manera que la consonante *r* sigue la tendencia general de las otras consonantes. Las formas que terminan en *s* o *n* siguen la regla de acentuación de las otras formas verbales de sus respectivos tiempos terminadas en vocal. Así, en las palabras *hablas, hablan, habla* y *hablo*, es la misma sílaba la que lleva el acento hablado. Por eso no contamos la *n* o la *s* con las consonantes al formular la regla de acentuación ortográfica. Repasémosla: si una palabra termina en una consonante (salvo *n* o *s*) y si es aguda, no llevará acento escrito. Esta regla prescribe el acento en palabras terminadas en consonante en dos casos. Primero hay unas pocas palabras esdrújulas como *análisis, hipótesis, regímenes* que terminan en consonante que llevarán acento por ser esdrújulas, sea cual sea la consonante final. El otro grupo que llevará acento lo forman las palabras llanas que terminan en consonante exceptuando *-n* o *-s*. Este grupo de palabras no es muy numeroso pero algunas de ellas son comunes: *ágil, fácil, suéter, revólver, lápiz*.

EJERCICIO 4.
Las siguientes palabras son adjetivos o sustantivos que terminan en *l*, *r* o *z*. Subraye la sílaba tónica y escriba el acento ortográfico en las palabras llanas.

1. arbol	14. papel	27. futil	40. caudal
2. ideal	15. inferior	28. ambar	41. cliper
3. dificil	16. actriz	29. nadir	42. angel
4. portatil	17. ilegal	30. carcel	43. tunel
5. mineral	18. crater	31. interior	44. alrededor
6. labor	19. caracter	32. inspector	45. infernal
7. arroz	20. elemental	33. tribunal	46. mayoral
8. lapiz	21. mensual	34. lider	47. fragil
9. licor	22. real	35. vocal	48. esteril
10. grabador	23. femur	36. nopal	49. automovil
11. abril	24. facil	37. reflector	50. cascabel
12. canal	25. pecador	38. editorial	
13. director	26. modificador	39. cabal	

En la formulación de la regla general notamos que son tan comunes las formas verbales terminadas en *s* o *n* que estas consonantes se tratan como si la palabra terminara con vocal. Por consiguiente, en el caso de sustantivos y adverbios que terminan en -n o -s y que son agudos por naturaleza habrá que escribir el acento ortográfico. Son muy comunes los sufijos *-ión*: *concepción, construcción, cuestión*; *-ón*: *comezón, dragón*; *-ín*: *violín, folletín, bailarín.* Casi todas las palabras que terminan en *s* sin ser formas verbales son agudas y tienen que llevar acento escrito. Se exceptúan los pseudoplurales como *posaderas, tinieblas* o las palabras compuestas como *tocadiscos, rascacielos.*

EJERCICIO 5.

Las siguientes palabras son sustantivos, adjetivos o adverbios que terminan en *n*. Subraye la sílaba tónica y escriba el acento ortográfico si la palabra es aguda.

1. limon	11. segun	21. razon	31. monton	41. corazon
2. virgen	12. desden	22. raton	32. polen	42. galon
3. sarten	13. cordon	23. imagen	33. origen	43. tiburon
4. volcan	14. crimen	24. melocoton	34. algodon	44. sosten
5. abdomen	15. baston	25. menton	35. boton	45. recien
6. ladron	16. almacen	26. perdon	36. camaron	46. comun
7. carbon	17. latin	27. orden	37. catalan	47. peloton
8. caiman	18. examen	28. capellan	38. aborigen	48. patron
9. volumen	19. cajon	29. meson	39. ciclon	49. calzon
10. calcetin	20. margen	30. melon	40. cinturon	50. callejon

EJERCICIO 6.

Las siguientes palabras terminan en *s*. Subraye la sílaba tónica y escriba el acento ortográfico si la palabra es aguda.

1. atras	6. tifus	11. traves	16. reves	21. rompecabezas
2. sacacorchos	7. virus	12. atlas	17. expres	22. gratis
3. apenas	8. demas	13. iris	18. frances	23. interes
4. despues	9. cortes	14. lejos	19. crisis	24. ingles
5. adios	10. cortas	15. jamas	20. dosis	25. saltamontes

Los diptongos

La colocación del acento ortográfico presupone la capacidad de dividir las palabras en sílabas. Hasta este punto la división silábica en los ejercicios ha sido bastante simple porque cada sílaba consistía en un solo sonido vocálico. Dos vocales seguidas pueden estar en la misma sílaba, *ha-cia*, y formar un diptongo o en diferentes sílabas, *te-a-tro*, y formar el hiato. Es relativamente fácil determinar el número de sílabas ya que solamente la *i* y la *u*, las llamadas vocales débiles, pueden combinarse con otras vocales para formar un diptongo: *pei-ne, es-tu-dio, ad-ver-ten-cia.* Cualquier otra combinación de vocales origina dos sílabas distintas. Si queremos indicar ortográficamente que la *i* y la *u* no forman un diptongo con la vocal precedente o siguiente, sino que participan en dos sílabas distintas, escribimos el acento ortográfico sobre la *u* o la *i*.

El caso más común es el de la vocal *i* y el sufijo que lleva acento escrito con más frecuencia es el sufijo *-ía* en sustantivos como *María, día, sandía,* y verbos como *comía, vendía, devolveríamos, vestían.*

EJERCICIO 7.

Pronuncie las siguientes palabras y decida si la combinación de *i* más vocal se pronuncia en la misma sílaba, formando así un diptongo y por consiguiente no requiere acento escrito, o si se pronuncian en diferentes sílabas produciendo un hiato en cuyo caso será necesario un acento ortográfico.

1. espia	13. valentia	25. infamia	37. esencia
2. Mario	14. todavia	26. fotografia	38. constancia
3. frio	15. tio	27. fantasia	39. biologia
4. oficio	16. nostalgia	28. bigamia	40. serio
5. economia	17. policia	29. ceremonia	41. envidia
6. loteria	18. ingenio	30. sinfonia	42. lavanderia
7. furia	19. negocio	31. tertulia	43. joyeria
8. bahia	20. poesia	32. teoria	44. episodio
9. mayoria	21. cortesia	33. vacio	45. anarquia
10. harmonia	22. infancia	34. espacio	
11. ironia	23. minoria	35. filosifia	
12. estancia	24. rio	36. barrio	

En algunos casos la *i* sigue a una vocal. Compare *creíble* con *e, i* en dos sílabas distintas, con *veinte*, con *e, i* en la misma sílaba.

EJERCICIO 8.

Escriba el acento ortográfico en las siguientes palabras donde sea necesario para indicar si la vocal y la *i* están en sílabas distintas.

1. reina	6. reir	11. raiz	16. sonreir
2. cafeina	7. baila	12. veinte	17. pais
3. egoista	8. peine	13. cocaina	18. paraiso
4. oir	9. leida	14. egoismo	19. oido
5. caida	10. recaida	15. increible	20. heroismo

EJERCICIO 9.
Pronuncie las siguientes palabras y determine si hace falta un acento ortográfico para separar la *u* de las otras vocales.

1. causa	6. Raul	11. audaz
2. baul	7. ataud	12. aullo
3. auto	8. automatico	13. aula
4. cautela	9. laud	14. ausente
5. aunque	10. autoridad	15. autentico

Otras funciones del acento ortográfico

Se emplea el acento ortográfico para distinguir ciertas palabras de otras ortográficamente iguales: *él,* pronombre, junto a *el,* artículo; *mí, tú,* pronombres personales junto a *mi, tu,* adjetivos posesivos, *más,* adverbio de cantidad, junto a *mas* conjunción; *sí,* pronombre y adverbio de afirmación, junto a *si,* conjunción; *dé* del verbo *dar,* junto a *de,* preposición; *sé* de los verbos *ser* y *saber,* junto a *se,* pronombre.

Sólo se acentúa ortográficamente cuando es adverbio; *sólo dice la verdad,* y no cuando es adjetivo, *vivir solo,* o sustantivo, *un solo de violín.* Se acentúan *éste, ése, aquél, ésta, ésa, aquélla* y sus plurales cuando son pronombres y no cuando son adjetivos: *estos libros me cuestan más que ésos; esta taza está rota, ésta no.*

Se acentúan ortográficamente las palabras interrogativas cuando sirven para formar una pregunta o exclamación. Por ejemplo, *por qué, dónde, cómo* y *cuándo, cuál, quién, cuánto, qué, cuán* (y sus plurales).

Ejemplificaremos algunas de estas palabras en las oraciones siguientes de manera que se distingan semántica y sintácticamente.

1A. Yo quiero que Ud. me lo dé. (verbo *dar*)
1B. El libro es de Juan. (preposición *de*)

2A. ¿Quién es él? (pronombre)
2B. ¿Dónde está el libro? (artículo)

3A. No sé si se puede pasar. (conjunción)
3B. Sí, se puede pasar si quiere. (afirmación)

4A. ¿Es esto para mí? (pronombre)
4B. No sé dónde puse mi libro. (posesivo)

5A. ¿Quieres más agua? (comparativo)
5B. Trataron de hacerlo, mas no pudieron. (conjunción)

6A. Sé que no irán. (verbo)
6B. Se levantó temprano. (pronombre)

7A. ¿Cómo te llamas tú? (pronombre)
7B. Es tu libro éste? (posesivo)

Los pronombres demostrativos se distinguen de los adjetivos demostrativos por medio del acento escrito.

1A. ¿Es éste el que buscabas?
1B. ¿Es este libro el que buscabas?

2A. ¿Quieres ese libro?
2B. Sí, quiero ése.

3A. Aquel libro es bastante interesante.
3B. ¿Cuál? ¿Aquél?

4A. Aquellas muchachas son guapísimas.
4B. ¿Cuáles dices? ¿Aquéllas?

5A. ¿Me das esos vestido?
5B. No, prefiero darte éstos.

También las palabras interrogativas se distinguen de las que no lo son por medio del acento.

1A. ¿Cómo estás?
1B. El baila tan bien como yo.

2A. ¿Cuál quieres?
2B. Dale a cada cual lo que merece.

3A. ¿Cuánto dinero quieres hoy?
3B. Su padre le da cuanto ella desea.

4A. ¿Cuándo vas a volver, Juan?
4B. Volverá cuando tenga dinero.

5A. ¿A dónde va hoy?
5B. Colombia es el país de donde viene el mejor café.

6A. ¿Qué hora es?
6B. No quiero que tú vayas.

7A. ¿Quién conoce a Jorge?
7B. Ese muchacho con quien tú querías hablar no ha llegado aún.

EJERCICIO 10.

Considere cada palabra en las siguientes frases y decida si debe llevar acento ortográfico. Explique las razones de su presencia o su ausencia.

1. No me dijo cual de los dos debería traer.
2. ¿Que hiciste con tu camisa?
3. ¡Que sorpresa para mi verte otra vez aquí!

4. ¿Sabes tu quien es esa muchacha?
5. Habla de su hermano, el cual esta casado con mi prima.
6. Deme dos kilos de carne, para que se la de al cocinero.
7. Se bueno con los niños, que no quiero volver a tener problemas con ellos.
8. ¿Quien quiere mas ensalada?
9. ¿Cuando me lo daras?
10. Yo, si, pero el, no.
11. Vamos a donde tu prefieras.
12. ¿Como pudieron areglarla rapidamente?
13. No se como sobreviviremos.
14. Se levantaron temprano.
15. ¿Es ese, el que me decias?

EJERCICIO 11.

En el siguiente párrafo considere cada palabra y decida si debe llevar acento ortográfico. Dé razones para colocarlo u omitirlo.

Es muy divertido un chiste que cuentan los mismos mexicanos. Una vez, un par de paisanos suyos estaban cruzando la frontera. Al llegar a la caseta de la aduana, el aduanero les pregunto: señores, ¿no llevan literatura pornografica? No, señor, le contestaron, ni siquiera tenemos pornografo.

EJERCICIO 12.

Coloque el acento ortográfico en las siguientes oraciones.

1. A mi me gusta conversar de pedogogia y del metodo preciso de enseñar.
2. Aunque el niño sea muy agil, temo que se le caiga el frasco que contiene acido.
3. En la escuela estamos aprendiendo el uso de la fraccion en matematicas.
4. El guia nos da un folleto que explica todos los puntos de interes en el zoologico.
5. La secretaria es muy inteligente porque toma taquigrafia y es experta en escribir a maquina.
6. La fecha limite para entregar el libro de lingüistica es el 14 de junio.
7. Creo que va a haber una revolucion porque en la manifestacion vi a un muchacho cargando un revolver.
8. En cada region del pais hay una religion distinta.
9. Los novios, recien casados, entraron en el salon y todos empezaron a cantarles una cancion especial.
10. En la universidad introdujeron un nuevo metodo quirurgico que quizas borre el cancer de la lista de enfermedades peligrosas.
11. Entre en la queseria y pedi un kilo de queso amarillo.
12. ¿Quien emplea la psicologia y el psicoanalisis si nunca los ha estudiado?
13. Proximamente van a exhibir una pelicula de terror en el cine Chapultepec.

14. En la cena mexicana van a servir cafe con leche y un pudin especial.
15. En el Ballet Folklorico baila el principe de un pais extranjero.
16. Mi hermana esta estudiando para hacerse farmacologo que por cierto es una carrera muy dificil.
17. Yo creo que no sería facil hacer una falsificacion de tu firma porque es muy dificil copiarla.
18. Mi hermana es muy simpatica y su exuberancia demuestra su extroversión.
19. Mi tia trabaja en una fabrica que se especializa en la produccion de drogas.
20. Este estereo no tiene funcion alguna en esta casa.

CAPITULO 17
La Ortografía

En esta sección vamos a considerar con más detalle la correspondencia entre el sistema fonológico, es decir, el sistema de fonemas con sus alófonos, y el sistema ortográfico. Pondremos más énfasis en los aspectos en que la correspondencia causa dificultades al principiante.

Los fonemas /f/, fricativo labiodental sordo, /p/, oclusivo bilabial sordo, /t/, oclusivo dental sordo, /d/, obstruyente dental sonoro, /ñ/, nasal palatal sonoro y /l/, lateral alveolar sonoro corresponden directamente a las letras *f, p, t, d, ñ, l* respectivamente. El fonema alveopalatal sordo /č/ corresponde a la grafía *ch* y es el único signo del alfabeto español en que se usan dos letras consonánticas distintas agrupadas para representar un solo fonema.

En los casos de los fonemas /f/, /t/ y /ñ/, hay un solo alófono principal como representación fonética de cada uno. Así, la correspondencia entre la letra y el sonido es exacta. El fonema /d/ tiene dos alófonos principales: uno oclusivo, [d], y otro fricativo [đ]. La representación ortográfica no cambia; la letra *d* representa tanto el alófono oclusivo [d] como el fricativo [đ]. Este no es el caso del inglés, en que los sonidos oclusivos [d] y fricativo [ð] no pertenecen al mismo fonema, sino a diferentes fonemas que son /d/, de *day*, y /ð/, de *they*. Así, el sonido del inglés [ð] pertenece a un fonema /ð/ cuya representación ortográfica es siempre *th*. Como hemos visto en otra sección, esta falta de correspondencia entre la ortografía y la clasificación fonémica de los sonidos del inglés en este caso, /d/, *d*, y /ð/, *th*, y las del español ocasionan problemas al principiante.

El fonema bilabial sonoro /b/ con sus alófonos oclusivo [b] y fricativo [b] se transcriben con las letras *b* y *v*. Normalmente, las palabras que proceden del latín clásico se escriben en español igual que en latín en casi todos los casos. Por ejemplo, *beber* se escribía en latín *bibere*, *deber* se escribía en latín *debere*. Los prefijos heredados del latín *ab-, ob-, sub-,* en palabras como *absorber, observar, submarino,* se escriben siempre con *b*. El fonema /b/ se escribe con la letra *v* si va precedido de los prefijos *ob* en *obvio*, *sub* en *subvención* y *ad* en *advenir*. Hay excepciones a estas reglas; por ejemplo, la palabra *boda* viene del latín *vota* con *v*, y la palabra *maravilla* viene de la palabra latina *mirabilia* con *b*. Sin embargo, las excepciones no son muchas. Nunca se usa la letra *v* si el fonema /b/ se agrupa con /l/ o /r/ en una sola sílaba. Así escribimos con *b* *noble, bloque, blusa, broma, abrupto, abrazar*. Tampoco se encuentra la letra *v* al final de palabra, como en *club*. En muchos casos el principiante no tiene mas remedio que memorizar qué palabras se escriben con la letra *b* y cuáles se escriben con la letra *v*. Para el principiante anglohablante la correspondencia entre cognados es útil. Por ejemplo, *voz* (*voice*) y *votar* (*vote*), se escriben con la letra *v* en los dos idiomas.

El fonema /k/ tiene dos representaciones ortográficas. Se usa la letra *c* en el caso en que se agrupa con las letras *a, o, u* siguientes, *cambiar, corazón, culpa,* y se usa la combinación de *q* seguida de una *u* al agruparse con las letras *e, i* siguientes, *queso, quien*. En todos los restantes casos, el fonema /k/ se representa por la letra *c*: en posición final de sílaba *acción* /ks/, *octubre* /kt/, *conducto* /kt/, o final de palabra *cognac*. Además, la letra *c* siempre precede a las consonantes *l* y *r* en los grupos consonánticos /kl/, /kr/: *clima, aclarar, creado, cruz*.

De manera semejante, el fonema /g/ es representado por la letra *g* o la combinación de letras *gu*. Igual que en el caso del fonema /k/, si al fonema /g/ le siguen las letras *i* o *e*, se hace uso de la combinación de letras *gu* para representarlo. El grupo /ge/ se escribe *gue* y /gi/ se escribe *gui* en palabras como *guerra, siguen, guisar*. En todos los demás casos, el fonema /g/ se escribe con la letra *g*. Ante *a, o, u* tenemos *haga, gota, agua*. En la representación de los grupos consonánticos /gl/ o /gr/ siempre se escribe la letra *g*: *siglo, globo, gritar, agricultura*. Hay algunas palabras en las que el fonema /g/ aparece al final de sílaba y en esos casos también se usa la letra *g*: *agnóstico*, /gn/, *dogmático*, /gm/, *ignorancia*, /gn/. Muy pocas palabras presentan el fonema /g/ en posición final, *zig-zag*.

Ya que la secuencia de las grafías *gu* ante las vocales *e* o *i* representa la secuencia del fonema /g/ más vocal /e/, /i/, la letra *u* en esas combinaciones no se pronuncia. Para representar la secuencia de sonidos /gue/ o /gui/, es decir, para indicar que sí se pronuncia la *u* en esta secuencia de tres sonidos, hay que recurrir al uso de la diéresis *güe, güi*. Entre las palabras de ese tipo están *lingüística*, /gui/, *argüír*, /gui/, *camagüey*, /gue/, y *vergüenza*, /gue/.

El fonema /x/ corresponde normalmente a las letras *j* y *g*. Se usa la letra *g* solamente en el caso en que la /x/ se agrupa con las vocales /e/ o /i/ en palabras como *general* /xeneral/, *gelatina*, /xelatina/, *digital*, /dixital/, *ágil*, /axil/. Sin embargo, también hay palabras con la secuencia de fonemas /x/ + /e/ o /i/ que se escriben con la letra *j*; *jefe*, /xefe/, *jinete*, /xinete/. En caso de que sigan las

vocales /a/, /o/, /u/ siempre se escribe esta combinación /xa/, /xo/, /xu/, con
j; *jamás* /xamas/, *junio*, /xunio/, *joven*, /xoben/, *ajustado*, /axustado/. El
fonema /x/ es muy raro en posición final de palabra; solamente la palabra *reloj*,
/r̄elox/, que se escribe con *j* es común y en el habla corriente esta /x/ no se
pronuncia: /r̄elo/. En el caso del encuentro del fonema /x/ con las vocales /e/ o
/i/ hay que decidir si se escribe con la letra *g* o la letra *j*. El uso corresponde por
lo general a sus orígenes en latín. Se utiliza, por ejemplo, la *j* si el fonema es el
resultado moderno de la secuencia /li/ intervocálica del latín, por ejemplo,
mujer de la palabra latina *mulierem*. Se usa también la *j* en el sufijo *aje*,
homenaje, y después de los prefijos *ad*, *ob* y *sub*, *adjetivo*, *objetivo*, *subjuntivo*.
En muy pocos casos el fonema /x/ va representado por la letra *x*. Los nombres
propios *México*, *Oaxaca* y *Xavier* son los ejemplos más comunes.

El fonema fricativo alveolar sordo /s/ ocasiona muchos problemas al
principiante, por su representación ortográfica tan variada. El fonema /s/
tiene dos alófonos: uno sordo [s] y el otro sonoro [z] cuya distribución es
determinada por la sonoridad de la consonante que le sigue. Esta variación,
sorda-sonora, no tiene ninguna relación con la representación ortográfica. La
correspondencia entre el fonema /s/ y las tres letras *s, z* y *c* no es válida para el
español peninsular donde, en ciertas áreas, el fonema /s/ se representa
solamente con la letra *s*, y las letras *z* y *c* representan otro fonema, /θ/,
fricativo ápico interdental sordo. (Del uso castellano de /θ/ y de las
correspondencias entre /θ/ y sus grafías *z* y *c*, se hablará en el capítulo 20). La
letra *s* puede representar el fonema /s/ en cualquier posición de la palabra y en
combinación con cualquier vocal: *sí, se, saber, sopa, supe, los, crisis, espero*.
La letra *z* se emplea normalmente ante las vocales /a/, /o/, /u/ *zapato*,
/sapato/, *zorro* /sorro/ y *azul* /asul/ pero también se usa al final de sílaba,
parezco /paresko/, y al final de palabra, *feliz* /felis/. En cambio, la letra *c* puede
representar al fonema /s/ solamente ante las vocales /e/ o /i/, *cena* /sena/, *cita*
/sita/, pero nunca en posición final de sílaba donde *c* representa el fonema /k/,
acción /aksion/; ni tampoco al final de palabra donde se usa *s, los* /los/ o *z, vez*
/bes/. Existen ciertas palabras que rompen la regla y tienen la letra *z* ante las
vocales /e/ o /i/: *zeta* /seta/, nombre de la letra *z* y el préstamo *zig zag* /sig
sag/.

La letra *h* es la única letra del alfabeto español que nunca se pronuncia. Hay
varias distinciones, sin embargo, que debemos hacer según la historia de su
uso. La letra *h* que procedía de una *h* latina nunca se ha pronunciado en toda la
historia del español, puesto que esta *h* tampoco se pronunciaba en el latín
tardío. Ejemplos: *honor* /onor/, y *prohibir* /proibir/. Hay algunas excepciones.
Por ejemplo, no usamos *h* en la palabra *invierno* aunque procede de la palabra
latina *hibernus*, y a veces escribimos una *h* en palabras que nunca la tenían en

latín: *hinchar*, que viene de *inflar*, o *helar*, que viene del latín, *gelare*, o *hallar* de latín *afflare*. Además de esa *h* muda del latín, existe una *h* que se presenta en las palabras que en latín tenían f: *hacer*, del español antiguo *fazer*, *hijo*, del español antiguo *fijo*, *hoja*, del español antiguo *fogia* y de latín *foglia*. (Hay algunos casos en que la *f* se mantenía y no cambió a *h*, por ejemplo, *familia*, *fe*, *fin*.) Sea cual sea la procedencia de la *h* del español moderno, ya fuera una *h* muda del latín tardío, ya fuera una *f* latina, en el español moderno la *h* es simplemente una grafía que no debe pronunciarse nunca. El uso de *h* ocasiona varios problemas entre los principiantes. El principiante que es anglo-hablante, acostumbrado a pronunciar siempre la letra *h* en su idioma nativo, tiende con suma frecuencia a pronunciarla cuando aprende a leer español. Al aprender a leer y escribir, el nativo de español también experimenta dificultades para recordar qué palabras deben escribirse con *h*, y comete a menudo errores como el de escribir palabras como *he* o *hecho*, sin *h*. Observe también que la letra *h* acompaña a la combinación /u/ + vocal en palabras como *huaraches*, *huevo*, *Chihuahua*, *hueso*, etc.

El fonema palatal sonoro /y/ presenta algunos problemas en su representación ortográfica. En primer lugar el fonema /y/ del español americano representa hoy en día no solamente el fonema /y/ original sino también el fonema palatal lateral /ĺ/ que se conserva únicamente con función contrastiva (mayo ≠ mallo) en partes de España y algunas pocas zonas de la América Latina. Así, el problema tanto para el hispanoamericano como el estudiante principiante es determinar cuándo se escribe *y* o *ll*. La letra *y* tiene una distribución normal. En posición inicial aparece con todas las vocales menos *i*: *ya*, *yeso*, *yo*, *yuca*. También en posición interior de palabra se usa en combinación con cualquier vocal excepto *i*: *rayo*, *ayer*, *desayunar*, *ensayar*. En posición interna además puede seguir a ciertos prefijos terminados en consonante: *subyacente*, *inyección*, *cónyuge*, *subyugar*. Es más común representar ortograficamente el fonema /y/ con *ll*: *llamar*, *llanto*, *llorar*. También aparece la *ll* en posición medial de palabra: *malla*, *calle*, pero nunca al final de palabra. El fonema /y/ también se representa por la combinación de letras *hi* si precede a la letra *e* en posición inicial de palabra en sílaba tónica. La *h* inicial en estas palabras puede ser etimológica y en ese caso será la *h* procedente de la *f* latina, *hierro* de *ferrum*, o simplemente proviene de una *h* original del latín, *hiedra* del latín *hedera*. A veces no hay razones etimológicas para la *h*, por ejemplo, *hiero*, del latín vulgar *erum*. Hay algunas palabras que se pueden escribir tanto con la letra *y* como con *hi*, *hiedra* = *yedra* y *hierba* = *yerba*.

La representación ortográfica de los fonemas vibrantes es sencilla. En posición intervocálica interior de una palabra, hay contraste entre el fonema vibrante simple /r/ y el fonema vibrante múltiple /r̄/. En las otras posiciones este contraste se neutraliza y la representación fonética es [r] simple o [r̄] múltiple según la posición en la palabra. En posición intervocálica, escribimos una *r* para representar la /r/ simple y dos *rr* para representar la /r̄/ múltiple. En todos los restantes casos, es decir, en el caso de neutralización, escribimos siempre *r*. Así, tanto *presto* con /r/ como *resto* con /r̄/, se escriben con una sola letra.

La letra *x* es la única letra española que usamos para transcribir dos fonemas. Normalmente equivale a la combinación de los fonemas /ks/. Si aparece en posición intervocálica la separación es normal: la /k/ se liga a la primer sílaba, y la /s/ a la inicial de la segunda sílaba. Ejemplos: *taxi* /taksi/, *boxeo* /bokseo/. Si a /ks/ le sigue una consonante, el grupo *ks* se une a la primera sílaba y la consonante siguiente integra la segunda sílaba: *ex-tra* /eks-tra/, *exposición* /eks-po-si-sión/. En estos casos es muy común también sonorizar la /k/, produciéndose una pronunciación [égstra]. También es frecuente la simplificación de este grupo consonántico elidiendo por completo la obstruyente /k/, [és-tra].

En posición inicial de sílaba hay tres sonidos nasales que funcionan de manera contrastiva, que son la /m/ de *cama*, la /n/ de *cana*, y la /ñ/ de *caña* con una representación ortográfica directa. En posición final de palabra, el contraste entre los fonemas /m/, /n/, /ñ/ se neutraliza y la representación fonética del archifonema /N/ varía según la posición. Siempre escribimos el sonido nasal, no importa su pronunciación con la letra *n* en posición final de palabra: *pan, hablan, colchón*. En posición final de sílaba interior de palabra, un sonido nasal se asimila y se pronuncia según el punto de articulación de la consonante siguiente. En la representación ortográfica utilizamos dos letras. Ante las consonantes /p/ y /b/, se representa la nasal siempre con la letra *m*: *ambos, amplio*. En todos los demás casos usamos la letra *n*. Ejemplos son *enfermo* [ɱf], *tanto* [n̪t] *ansiedad* [ns], *ancho* [ṇč], *inyección* [ñŷ], y *ángulo* [ŋg].

CAPITULO 18
El Sistema Vocálico del Inglés

El sistema vocálico del inglés es complejo comparándolo con el del español. En primer lugar, en las zonas de habla inglesa, las vocales varían considerablemente según la procedencia geográfica de cada hablante; aun dentro de los Estados Unidos hay mucha variación vocálica según la región de origen y residencia de los hablantes. En español en cambio hay cinco fonemas vocálicos, /a, e, i, o, u/, y aunque existan variaciones en la manifestación fonética de estas cinco vocales, son relativamente pequeñas. En inglés en cambio, existen más fonemas vocálicos y su manifestación fonética es muy variable según factores complejos. Trataremos de presentar en esta sección una introducción al sistema vocálico del inglés con la idea de presentar los rasgos del sistema vocálico que consideramos imprecindibles para una comparación con el sistema del español. Nos interesan especialmente los rasgos del inglés que por un motivo u otro pueden ser transferidos a la pronunciación de los principiantes de español.

La manera más fácil de empezar el estudio del sistema vocálico del inglés es ver las posibles diferencias contrastivas en palabras monosilábicas de la forma consonante-vocal-consonante. En este contexto encontramos todos los contrastes vocálicos del inglés. Los más importantes, con sus símbolos fonémicos son la /i/ de *beat*, la /ɪ/ de *bit*, la /e/ de *bait*, la /ɛ/ de *bet*, la /æ/ de *bat*, todas vocales anteriores, la /a/ de *pot*, vocal central, la /ʌ/ de *but*, vocal central o posterior, la /o/ de *boat*, la /ʊ/ de *book*, y la /u/ de *boot*, todas vocales posteriores.

Aunque cada fonema vocálico tiene varios alófonos, por el momento bastará indicar los más usuales. En los fonemas vocálicos largos, /i/, /e/, /o/, /u/, la manifestación fonética es un núcleo vocálico relajado y largo, que en ciertos contextos suele convertirse en diptongo. En el caso de las vocales anteriores, la semivocal resultante es palatal [i̯] o [ɪ̯] y en las vocales posteriores es una semivocal velar [u̯] o [ʊ̯]. La manifestación fonética de los fonemas vocálicos /ɪ, ɛ, æ, ʌ, ʊ/ son por lo general cortas y sin diptongación.

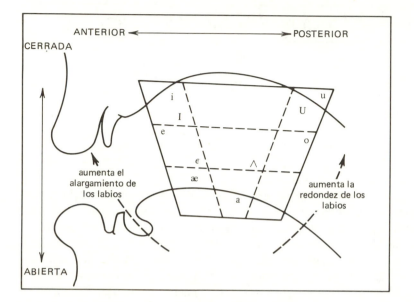

Fig. 18.1: Los fonemas vocálicos del inglés americano

Las Vocales Largas			Las Vocales Cortas		
/i/	[ii̯], [i̯ɪ]	heat, bead, see	/ɪ/	[ɪ]	pit
/e/	[ei̯], [eɪ]	slate, maid, say	/ɛ/	[ɛ]	pet
/o/	[ou̯], [oʊ]	coat, load, sew	/æ/	[æ]	pat
/u/	[uu̯], [uʊ̯]	suit, feud, Sue	/ʌ/	[ʌ]	putt
			/a/	[a]	pot
			/ʊ/	[ʊ]	put

Fig. 18.2: La manifestación fonética de los fonemas vocálicos del inglés.

Si comparamos los alófonos principales del español con los del inglés, vemos que existen tantas semejanzas como diferencias. En la Figura 18.3 se encuentran las correspondencias vocálicas del inglés y español.

Al comparar, por ejemplo, el sonido [i̯ɪ] del inglés *heat*, y el sonido [ɪ] del inglés *hit*, con el sonido correspondiente [i] del español de *cita*, notamos que el sonido del primer alófono [i̯ɪ] del inglés es muy semejante auditivamente, si no prácticamente idéntico al sonido español. La diferencia está en que el sonido del inglés es mucho menos tenso, más largo y diptongado mientras en

Inglés		Español	
heat	[iɪ]	[i]	sí, cita
hit	[ɪ]		
bait	[eɪ]	[e]	sé, sepa
bet	[ɛ]		
coat	[oʊ]	[o]	habló, poco
Luke	[uʊ]	[u]	tú, cupo
look	[ʊ]		
cat	[æ]	[a]	hablará, casa
cot	[a]		
cut	[ʌ]		

Fig. 18.3: Las correspondencias vocálicas inglés-español

español el alófono principal es normalmente tenso, corto y simple [i]. El sonido [ɪ] del inglés, aunque comparable al sonido español por ser muy corto y sin diptongación, no se parece a éste en su timbre. La razón es la diferente posición de la lengua al pronunciarse: en el caso del sonido [ɪ] del inglés, la lengua está en una posición un poco más baja en la boca. De igual manera podemos comparar el sonido [eɪ] del inglés *may, paid, bait,* con la [e] del español *me, sé, sepa.* El núcleo vocálico del inglés es menos tenso, más largo y diptongado mientras que en español la [e] es una vocal tensa, corta y simple. En la [eɪ] del inglés, a diferencia de la [e] española, existe un movimiento articulatorio de la lengua desde la posición de la [e], anterior media, hacia la [i] anterior cerrada.

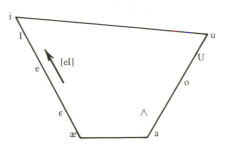

Fig. 18.4: La diptongación de la /e/ en inglés

Además con la /i/ y la /e/ del español, hay que recordar que la posición de los labios se estira más exageradamente que con la /i/ y la /e/ del inglés.

EJERCICIO 1.

Pronuncie las siguientes palabras en inglés y en español. Exagere las diferencias prestando especial atención a pronunciar las del español de forma corta, tensa y simple, y con los labios estirados.

1. sea	sí	6. e	y
2. tea	ti	7. peas	piso
3. me	mí	8. fee	fijo
4. knee	ni	9. lean	lino
5. Dee	di	10. bee	vi

EJERCICIO 2.

Siga las mismas instruccions del Ejercicio 1.

1. day	dé	6. bay	ve
2. say	sé	7. pace	peso
3. base	vez	8. Fay	fe
4. may	me	9. lay	le
5. Kay	que	10. mace	mes

De manera paralela la /o/ de *sobre* y /u/ de *su* del español son más tensas, más cortas y simples comparadas con los nucleos vocálicos [oʊ] de *boat* y [uʊ] de *Sue* del inglés. Además, es importante recordar que en la articulación de la /o/ y la /u/ del español, los labios se mantienen en una posición más redondeada que en la de sus correspondencias inglesas.

EJERCICIO 3.

Pronuncie las siguientes palabras inglesas y españolas. Exagere las diferencias prestando especial atención a pronunciar las españolas cortas, tensas y simples con los labios muy redondeados.

1. low	lo	6. no	no
2. Coca-Cola	Coca-Cola	7. yoyo	yo
3. polo	polo	8. rodeo	rodeo
4. piano	piano	9. patio	patio
5. solo	solo	10. radio	radio

EJERCICIO 4.

Siga las mismas instrucciones del Ejercicio 3.

1. Sue	su	6. you know	uno
2. too	tú	7. new	nube
3. coo	cu	8. moon	mundo
4. chew	chula	9. soup	supo
5. juvenile	juvenil	10. guru	gurú

De vez en cuando el estudiante principiante usa algunas vocales cortas del inglés en palabras españolas. Esto sucede sobre todo si la palabra española es semejante a alguna palabra inglesa que contenga el sonido mencionado. Así, por ejemplo, en palabras como *intención (intention), interesante (interesting), diplomático (diplomatic),* es muy posible que el anglohablante transfiera el sonido corto del inglés /ɪ/ al español. El uso del fonema /ɛ/ (de *bed, pet*) normalmente no causa problemas porque este sonido también se oye en español como alófono común de /e/ en muchas palabras: *pero, gesto.* Si se transfiere el sonido /æ/, sin embargo, como representación muy común de la letra *a (cat, rag, bad, man)* el resultado es un acento inglés muy fuerte. Entre las palabras en las que se produce el citado contagio están las que se escriben con la letra *a* y son semejantes palabras del inglés: *Santa Ana, California, patio, español.* El estudiante tiene que esforzarse para evitar estos calcos inapropiados.

EJERCICIO 5.

Pronuncie las siguientes palabras evitando el uso de la vocal corta del inglés /ɪ/ en las palabras semejantes españolas que contienen el fonema /i/.

1. interminable	6. informante
2. diplomático	7. fácil
3. indispensable	8. disposición
4. interesante	9. sílaba
5. investigación	10. historia

EJERCICIO 6.

Pronuncie las siguientes palabras evitando que se contagie la vocal corta /æ/ del inglés a las palabras semejantes del español.

1. cacto	(cactus)	6. absoluto	(absolute)
2. español	(Spanish)	7. banana	(banana)
3. mapa	(map)	8. rata	(rat)
4. Susana	(Susana)	9. Arizona	(Arizona)
5. California	(California)	10. sandalias	(sandals)

EJERCICIO 7.

Pronuncie las siguientes palabras fijándose bien en usar siempre el fonema /o/ y evitando el uso del fonema [a] del inglés.

1.	oficina	6.	postura
2.	Honduras	7.	ofrecer
3.	posible	8.	ómnibus
4.	opuesto	9.	oculista
5.	operador	10.	otoño

En inglés se han dado ciertas modificaciones consonánticas cuando seguía un elemento vocálico palatal. Por ejemplo, la palabra *nation,* que antes se pronunciaba conservando la consonante alveolar /t/ y el elemento palatal [i̯], ahora se han fundido la /t/ y la [i̯] y ha quedado una sola consonante alveo-palatal /s/ como en *sh*oe. Otras fusiones son: delicious [s] + [i] > [š]; question [t] + [i̯] > [č]; cordial [d] + [i] > [ǰ].

Estos procesos de fusión palatal no existen en español. El problema no es la dificultad que tiene el anglohablante para pronunciar el grupo *ci* de palabras como *delicioso* con un secuencia de [s] + [i] sin palatalización sino más bien que está muy acostumbrado a interpretar esta secuencia de letras con [š].

EJERCICIO 8.

Lea la siguiente lista de palabras, evitando la fusión del elemento vocálico palatal [i̯].

1.	confusión	3.	población	5.	asociación
2.	nación	4.	anticipación	6.	matriculación

Otro problema que puede surgir de esta asociación vocálico-ortográfica del inglés viene de asociar la letra *u* con un elemento palatal precedente [i̯]. Por ejemplo, en las palabras inglesas *cute, Cuban, futility, pure,* se intercala una [i̯] entre la *u* y la consonante precedente: *cute* [kiu̯ut]. Los principiantes usan a veces en su español esta identificación de *cu* con [kiu̯].

EJERCICIO 9.

Lea las siguientes palabras evitando el elemento palatal [i̯].

1.	película	6.	unido
2.	cubano	7.	usado
3.	cupo	8.	único
4.	universidad	9.	uso
5.	música	10.	mula

EJERCICIO 10.

Suponga que acaba usted de ganar en un concurso dos semanas de vacaciones al lugar de su preferencia. ¿Adónde iría y por qué? En su repuesta, fíjese en la buena pronunciación de las vocales, evitando cualquier falso contagio del inglés.

CAPITULO 19

La Posición del Español
en el Mundo Moderno

Hoy en día más de dos cientos millones de personas hablan el español como lengua nativa y es la lengua oficial de una veintena de países y de las Naciones Unidas. En cuanto al número de hablantes, ocupa el quinto lugar en el mundo, superado solamente por el chino, el inglés, el hindú y el ruso.

Sabemos que el español hunde sus raíces en el latín. Se oye muchas veces que el latín es una lengua muerta. Esto es verdad solamente en un sentido restringido: el latín que se hablaba en Roma, en el período de la República o del Imperio, ya no se habla normalmente, de forma sistemática, como lengua materna y única en ningún país del mundo. Sin embargo, la lengua latina no es una lengua muerta. Los hablantes de latín siguieron hablando su idioma después de la caída del Imperio Romano. Pero este latín, llamado "vulgar", del *vulgo* (el pueblo), hablado en las inmesas regiones del Imperio, fue evolucionando paulatinamente. Hoy los cambios son tan profundos que a las diferentes variedades del latín hablado les damos otros nombres: el español, el portugués, el francés, el italiano y el rumano.

En la Península Ibérica, después de la conquista por varias tribus germánicas en el siglo V, el pueblo seguía hablando latín y no se generalizaron las lenguas germánicas. Los propios germanos estaban familiarizados con el latín por sus contactos anteriores con los romanos. Con los años, los germanos de la Península Ibérica terminaron por dejar su propio idioma germánico y adoptaron el latín hablado por el pueblo.

Aún después de la conquista de casi toda la Península Ibérica en el año 711 por los árabes, los habitantes que vivían bajo el imperio musulmán seguían hablando un tipo de latín vulgar, por supuesto, ya muy distante del de los días del antiguo Imperio Romano y, además, muy influído por la lengua oficial que era, naturalmente, el árabe. Esta variedad del latín se denominó *mozárabe*.

Hubo además una parte de la península que los musulmanes no conquistaron, situada en el centro norte de la Península, entre las montañas cantábricas. En esta zona los habitantes seguían hablando el latín vulgar.

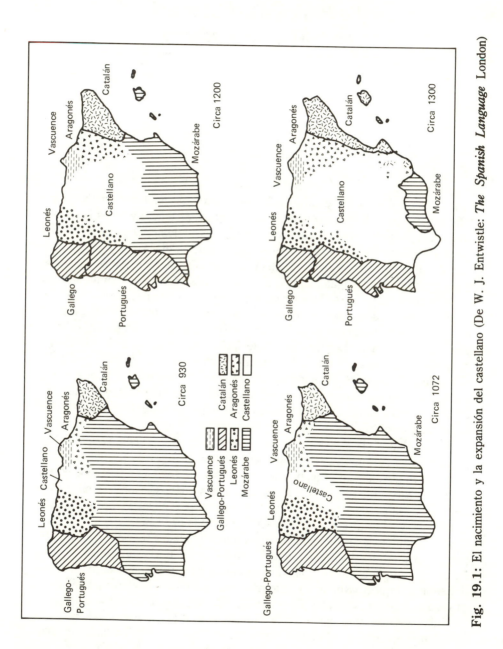

Fig. 19.1: El nacimiento y la expansión del castellano (De W. J. Entwistle: *The Spanish Language* London)

La reconquista de la España musulmana, iniciada en esta pequeña zona montañosa, duró desde el 711 hasta la caída de Granada en 1492 y la expulsión final de los árabes de la Península Ibérica. Durante esos 800 años fue desarrollándose y evolucionando el latín que se hablaba. La que había sido una lengua unitaria en la península empezó a fragmentarse hasta que había diferencias notables de una región a otra, sobre todo en la pronunciación. Los mapas siguientes muestran las divisiones más importantes de esta variación regional de la península desde el año 930 al 1300. En el año 930 podemos encontrar ya zonas en que se habla gallego, leonés, castellano, aragonés y catalán, como se indica en el mapa. Cada uno de los reinos avanza con la reconquista hacia el sur, pero poco a poco va ganando terreno la zona castellana. La gran mayoría de los hablantes de mozárabe, es decir, los habitantes de la península que vivieron bajo el imperio musulmán, terminaron por adoptar los rasgos del dialecto latino castellano.

Así, poco a poco, lo que no era inicialmente más que una de las variedades del latín hablado en la Península Ibérica, el castellano, ya en el año 1492 había llegado a ser la variedad con más prestigio en la mayor parte de la Península.

Aquí debemos apuntar que las otras variedades del latín tuvieron destinos diferentes. El leonés y el asturiano sobrevivieron como lenguas rústicas habladas hoy por muy pocas personas. El catalán y el gallego se desarrollaron de distinto modo hasta llegar a ser conocidos hoy como catalán y portugués.

Es el castellano, hablado por la mayoría de los habitantes de la Península Ibérica, y no el leonés, el aragonés, el catalán o el gallego, la versión del latín que pasa al Nuevo Mundo después de su descubrimiento en 1492. Al extenderse a toda la Península Ibérica y después al nuevo mundo se identifica con el nombre español y hoy en día reservamos en lingüística el término castellano para indicar la variedad del español moderno que se habla en el centro y el norte de España (incluyendo a Madrid, la capital). En la terminología popular, los dos términos, español y castellano, se usan indistintamente.

Después de la reconquista, en 1492, le lengua que se hablaba en los dominios castellanos siguió evolucionando. Lo que constituía al principio una relativa homogeneidad, pronto empezó a diferenciarse otra vez, y de nuevo surgen variaciones en el castellano hablado en las diferentes áreas de la Península Ibérica y (después de la conquista) también en el nuevo mundo. La diferenciación más interesante se da entre el castellano hablado en el centro y norte de España y la variedad hablada en el sur. Usaremos el término **español** para referirnos a todas las variaciones surgidas en el mundo hispánico. El de **castellano** se reservará para identificar la versión del español hablado hoy en día en el centro y norte de España. En la figure 19.2 se

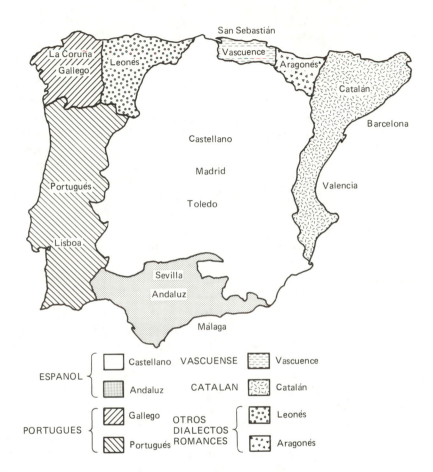

Fig. 19.2: Las lenguas y los dialectos de la Península Ibérica

encuentran delimitadas las lenguas y las variedades del español hablado actualmente en la Península Ibérica. Hemos dividido al español peninsular en dos zonas dialectales modernas que son las correspondientes al castellano y al **andaluz**, éste hablado en el sur de la península.

El español del Nuevo Mundo también tiene su desarrollo histórico propio. Como suele suceder generalmente en las colonias, su habla, el español americano, era al principio algo conservador en sus características y resistió los cambios que se efectuaron en la península después de la colonización. Así, ciertos rasgos innovadores de la parte norteña de la península, es decir de la región castellana, nunca fueron aceptados por la mayor parte de las Américas. Además, el español de América comparte algunas características del español de la región sureña de la península. Esto se debe sobre todo a la gran cantidad de marineros, conquistadores y colonizadores que vinieron de esa región a vivir en el Nuevo Mundo. Así pues, podemos decir que el español del Nuevo Mundo en parte es un reflejo del español hablado en Andalucía durante el período de la conquista.

Podemos dividir el español americano en dos zonas según la influencia de Andalucía en los últimos tiempos. A todas las zonas, incluyendo las tierras altas y las zonas de las costas, llegaron las innovaciones de Andalucía durante la primera etapa de la colonización. Podemos señalar en toda la América hispánica la presencia del **seseo**, que es el uso de un solo sonido /s/ como representación en el habla de las letras *s, z* y *c* (*son, zapato, cine*). Otros cambios más tardíos se extendieron solamente a las regiones con contacto más directo, y las regiones cuyas capitales son México, Bogotá y Lima no los sufrieron. Estas innovaciones procedentes de Andalucía que llegaron solamente a las tierras bajas, principalmente a los puertos de San Juan (Puerto Rico), Santo Domingo (La República Dominicana), Habana (Cuba), Panamá, las costas de Colombia, Venezuela, Ecuador y la región porteña (Buenos Aires), incluyen la llamada aspiración y elisión de *s* final de sílaba o de palabra, *esto* [éhto] o [éto], *niños* [níñoh] o [níño].

Así pues, de manera general podemos dividir Hispanoamérica en dos zonas: la zona de las tierras altas y la de las tierras bajas. Nos serviremos del mapa en la Fig. 19.3 que representa la aspiración o elisión de la *s* final para ilustrar esta división.

En este texto nos hemos centrado en el español **americano general**, el español de las tierras altas, es decir, en los rasgos comunes a México, Centroamérica, y la zona andina de Sudamérica. Es muy representative la pronunciación del español de las ciudades capitales: México, Bogotá y Lima. Al comparar las tres zonas generales, el castellano (de la Península Ibérica), el americano general (de las tierras altas), y el resto de la América Latina (las tierras bajas), encontramos que el español de las tierras altas se distingue por la ausencia de ciertos rasgos de pronunciación presentes en el habla de las personas de las tierras bajas o en el castellano. Así, dentro del mundo hispánico el español americano general es la versión del español menos marcada al oído y su pronunciación es la que normalmente se enseña en las escuelas o universidades de los Estados Unidos.

Sin embargo, la pronunciación del español americano general es solamente una de las que pueden encontrarse en el mundo hispánico y que el estudiante serio de español ha de conocer. El estudiante preferirá una determinada

Fig. 19.3: La aspiración y la elisión de la /s/ (Adaptado de D. L. Canfield: *La pronunciación del español en América*. Bogotá: Instituto Caro y Cuervo, 1962.)

pronunciación según los hablantes con quienes él se comunica diariamente en su uso del español. En los Estados Unidos hay tres concentraciones grandes de hispanohablantes que son el mexicoamericano en el suroeste de los Estados Unidos, el cubanoamericano localizado principalmente en la Florida, y el puertorriqueño agrupado en la zona metropolitana de Nueva York. Examinaremos en más detalle en los capítulos 21 y 22 estas tres variedades del español por su importancia para el estudiante de habla inglesa en los Estados Unidos.

CAPITULO 20
El Español Peninsular

Hay dos zonas muy diferentes en España en lo que a la pronunciación se refiere. A la modalidad de pronunciación del centro y norte de la Península Ibérica, le damos el nombre de español castellano o peninsular, aunque al usar este último término tiene que tenerse en cuenta que no nos referimos a la península entera sino que excluimos la pronunciación andaluza. Esta última tiene, efectivamente, rasgos más semejantes a los del español del área del Caribe que a los del resto de la península. En este capítulo estudiaremos cuatro rasgos que se dan casi exclusivamente en la pronunciación que hemos llamado castellano.

Este tipo de pronunciación se localiza en las zonas de las que partió la colonización temprana, organizada desde la antigua Castilla, es decir, desde las provincias de Castilla la Vieja y Castilla la Nueva. En esta región se han producido posteriormente, algunos cambios fonéticos que alteraron la manifestación fonética de ciertos fonemas. Por otra parte, en esas regiones se conservan algunos fonemas que han desaparecido en el sur de España y en gran parte de las restantes zonas del mundo hispanohablante.

La zeta castellana

Ya hemos visto que en el mundo hispánico las letras *s, z* y *c* (ante *e, i*) representan generalmente un solo fonema fricativo alveolar sordo /s/, en *son, zapato, cine*. Sin embargo, en una gran parte de España, sobre todo la región norte y el centro, incluyendo a Madrid, son dos los fonemas que se corresponden a estas letras. Un fonema es /θ/ ("zeta") que representa a las letras *z* y *c* (ante *e, i*) y cuya manifestación es habitualmente un sonido fricativo interdental sordo [θ], muy semejante a la pronunciación inglesa de *th* en *thin, thick, think*. El sonido de [θ] es suave, muy poco **sibilante** (cómparese por ejemplo con /s/ que es muy sibilante).

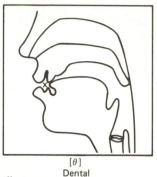

$[\theta]$
Dental
Fig. 20.1: La zeta [θ] castellana

EJERCICIO 1.

Lea las siguientes palabras usando la [θ] española para *z* y *c* ante *e, i*.

1. manzana	6. cielo	11. Zamora	16. centavo
2. zócalo	7. veces	12. plaza	17. hacía
3. Pérez	8. cintura	13. zapatilla	18. césped
4. zarzuela	9. cereza	14. González	19. cerveza
5. pereza	10. madurez	15. piscina	20. Zaragoza

La /s/ apical castellana

El fonema /s/ en el español castellano tiene un uso más restringido que en el español andaluz y americano, ya que se emplea solamente en palabras que tienen *s* ortográfica y nunca con palabras que se escriben con *z* o *c*. Su manifestación en castellano es generalmente un sonido fricativo alveolar sordo **apical**, a diferencia de la manifestación más común que es **predorsal**. La diferencia articulatoria radica en la forma de la lengua durante su producción. En el alófono usual de la /s/ americana, el ápice de la lengua normalmente está en posición de descanso contra los dientes inferiores y es la parte predorsal de la lengua la que hace contacto con el techo de la boca para producir la fricción. En el castellano es el ápice de la lengua el que hace ese contacto y auditivamente el resultado es muy distinto. Usaremos el símbolo fonético [ş] para representar el alófono ápicoalveolar castellano, aunque el símbolo fonémico sigue siendo igual, /s/.

Los hablantes que usan /θ/, pueden distinguir fonológicamente pares mínimos como *caza* y *casa*, /kaθa/ ≠ /kasa/, que para los otros hispano-hablantes son homófonos: caza /kasa/ = casa /kasa/.

Hay varias diferencias entre los dos fonemas castellanos /θ/ y /s/. El

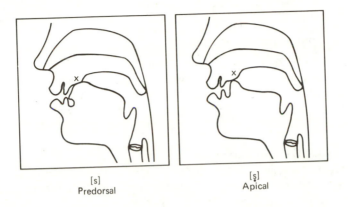

[s]
Predorsal

[ş]
Apical

Fig. 20.2: La sibilante americana y la castellana

alófono principal de /θ/ es interdental y el de /s/ es alveolar. Además la /s/, ya sea apical o predorsal, es muy sibilante. Este efecto se debe a la forma que toma la lengua al producir el sonido. En la realización de [ş] existe una apertura plana y muy estrecha debida a la configuración que adquiere la cavidad bucal. La posición de la lengua que origina la [ş] apical del castellano es cóncava, mientras que en la [s] americna es convexa.

El no emplear un fonema /θ/ a diferencia de un fonema /s/, se denomina **seseo**. En términos ortográficos, el seseo se define como la correspondencia de un solo fonema /s/ con las letras *s, z,* y *c*. El seseo es practicado por casi todos los hispanohablantes menos los de la zona de España que hemos llamado el castellano.

EJERCICIO 2.

Indique si en una articulación diferenciadora, se usaría /θ/ o /s/. Practique la pronunciación de estos dos fonemas en las siguientes palabras. No olvide el uso de un alófono apical [ş] para el fonema /s/.

1. cocina	11. semana	21. arroz
2. zócalo	12. Zamora	22. delicioso
3. césped	13. mezcla	23. necesario
4. sordez	14. mesa	24. mezquita
5. Zaragoza	15. maíz	25. cazar
6. cine	16. peces	26. masa
7. cielo	17. país	27. mecer
8. seseo	18. paz	28. raza
9. azotea	19. zapato	29. reza
10. hacía	20. sábado	30. porcelana

EJERCICIO 3.
Siga el mismo procedimiento con estas oraciones.

1. Los cielos de Zacatecas son hermosísimos.
2. Cien científicos soviéticos se reúnen para estudiar zoología en Zaire.
3. Las piscinas oficiales de las Olimpíadas miden cincuenta metros.
4. Se dice que el que de veras sabe es el que sabe que no sabe.

La lateral palatal castellana

En el español castellano peninsular se conserva un fonema que practicamente ha desaparecido en el resto del mundo hispánico. Este fonema /ļ̃/ tiene como alófono principal un sonido lateral, palatal y sonoro [ļ̃]. Es representado ortográficamente con *ll* en palabras como *llamar, llueve, callar.* El sonido se produce de manera semejante a la lateral alveolar de *lama,* pero la lengua está en amplio contacto con la región palatal.

En el español peninsular, en contraste con el español americano, hay dos sonidos palatales, uno el fricativo palatal sonoro /y/ de *mayo,* y otro el lateral palatal sonoro /ļ̃/ de *mallo.* Como prueban los pares mínimos *mayo* y *mallo, cayó* y *calló* son dos fonemas distintos /y/ y /ļ̃/ que contrastan para los hablantes del español castellano. Entre la mayoría de los hispanohablantes de América Latina, la lateral palatal no existe, y el signo ortográfico *ll* se identifica con el fonema palatal fricativo sonoro /y/. Como en el caso de la distinción entre /θ/ y /s/, la distinción entre /ļ̃/ e /y/ no se mantiene en una gran parte del mundo hispánico. Este fenómeno, es decir, la falta de distinción entre *y* y *ll* se llama **yeísmo.**

EJERCICIO 4.
Pronuncie las siguientes palabras usando una pronunciación diferenciadora. Diga si la palabra debe pronunciarse con el fonema /y/ o con el fonema /ļ̃/.

1. llanto	6. milla	11. allá	16. silla
2. mayo	7. yate	12. lava	17. caya
3. Yerma	8. oye	13. cayó	18. calla
4. yo	9. olla	14. ayer	19. yegua
5. llama	10. lluvia	15. taller	20. llega

EJERCICIO 5.
Lea las siguientes oraciones tratando de pronunciar a la manera castellana, prestando mucha atención a los alófonos [θ], [s̩], [ļ̃], e [ɏ].

1. Zacarías Pérez hizo los azulejos para el zócalo.
2. Aquella calle se llama El Caballo.

3. El llanto de la llorona es lo que ella llora.
4. No es igual una ballena que una va llena.
5. Los señores de Sevilla prefieren doncellas sevillanas.
6. Las manzanas de Zamora son las más dulces.
7. Yo creo que ya llegaron las lluvias a los llanos.

La jota uvular castellana

Ya vimos que el fonema /s/ existe en el español peninsular pero que tiene como alófono principal [ṣ], un sonido ápicoalveolar algo diferente del alófono principal del español americano. De manera parecida, en el español castellano el alófono principal de /x/ es frecuentemente un sonido fricativo uvular, o sea postvelar en vez de velar [x] y con fricción fuerte. Usaremos el símbolo fonético [x̣] para transcribir este sonido típico del habla castellana.

EJERCICIO 6.

En los siguientes ejercicios pronuncie la /x/ = [x̣] a la manera castellana dándole mucha energía y fuerza articulatoria.

1. jefe	5. surge	9. conjugar
2. general	6. gente	10. monja
3. jota	7. Jorge	11. México
4. gemir	8. gentileza	12. jorobado

Resumen

El español castellano peninsular difiere del español americano en que hay dos fonemas consonánticos inexistentes en el español americano que funcionan de manera contrastiva en la península: /θ/ y /ĺ/. Además, hay dos fonemas que tienen como representación alofónica principal dos alófonos auditiva y articulatoriamente diferentes. Son la /s/, cuyo alófono principal es [ṣ], un sonido apical y no predorsal como en el español americano, y la /x/, cuyo alófono principal es uvular, [x̣], y no velar como en el español americano. Vemos entonces que la serie de las laterales /l/ y /ĺ/, las palatales /ĺ/ y /y/, y las fricativas sordas /f/, /θ/, /s/ = [ṣ], /x/ = [x̣] tiene estructura diferente en el español castellano que en el español americano.

EJERCICIO 7.

Pronuncie a la manera castellana las siguientes oraciones. Use [s], [θ], [ĺ] y [x̣].

1. Un zapatero de Zaragoza se llama Xavier Pérez.
2. La herradura del caballo se forma en el yunque.

3. Todos los españoles no pronuncian la *s* igual.
4. Sí señor, me dice que esa señorita siempre se sonríe.
5. La plaza central de Sevilla suele estar llena de gente.

EJERCICIO 8.

Transcriba fonéticamente los ejercicios 4, 6, 7. Use los símbolos fonéticos [θ], [ṣ], [Ĩ] y [x].

CAPITULO 21

El Español Americano

En este capítulo estudiaremos el resto de los rasgos de la pronunciación del español americano (incluyendo el andaluz de la Península Ibérica) que no hemos tratado hasta el momento. Los procesos que estudiaremos afectan sobre todo a las consonantes /s/, /n/ y /r/ en posición final de sílaba y de palabra: /s/ *esto, menos,* /n/ *tonto, cantan,* /r/ *puerta, hablar*. Los procesos que afectan a la /s/, la /n/ y la /r/ no se aplican en el habla de manera **categórica**, sino que se emplean individualmente de manera **variable**.

Al describir la manifestación fonética de un proceso variable hay que tomar en consideración muchos factores. Es bien conocido, por ejemplo, que entre los hablantes que usan los procesos que examinaremos, el **estilo**, es decir, el carácter más o menos formal de su habla, afecta a la aplicación de estas reglas. En general, los procesos variables se aplicarán más en las situaciones más informales donde el habla es rápida y natural; en las situaciones formales, en las que el habla es más lenta, los procesos se usarán menos. Existen también correlaciones **sociolingüísticas**: los hablantes de las clases populares tienden a aplicar más estos procesos que los de las clases medias o altas.

La aspiración y la elisión de la /s/

Con el término **aspiración** de la /s/ nos referimos a la manifestación fonética del fonema /s/ como una aspiración simple, [h], sonido semejante a la /h/ del inglés, *hat*, pero, normalmente, algo más débil. Con el término **elisión** de la /s/ indicamos que dicho fonema no se pronuncia, que desaparece sin dejar huella alguna. No se elide ni se aspira cualquier alófono del fonema /s/, sino solamente cuando la encontramos en posición final de sílaba, *este, desde, isla, mismo,* o en posición final de palabra *los niños, mis amigos, vamos*.

Cuando decimos que un proceso se aplica de manera variable nos referimos a que la aplicación es opcional; así pues, una palabra como *niños* puede ser simplemente [niño] si se aplica la elisión, [níñoh] si se aplica la aspiración, y [niños] si no se aplica ninguno de los dos procesos. Otra manera de conceptualizar este fenónomo es la siguiente: el hablante elige o no la elisión total según las condiciones que explicaremos más adelante. Si elide la /s/, dirá [niño]. Si no lo hace, es decir, si conserva el fonema /s/, tiene que escoger entre dos manifestiones fonéticas, una sibilante [s] y una aspirada [h].

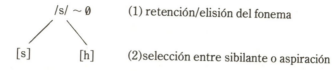

(1) retención/elisión del fonema

(2) selección entre sibilante o aspiración

Fig. 21.1: Aspiración y elisión de la /s/ final

Es importante reconocer que la aspiración y la elisión de la /s/ son procesos usados en todos los niveles de la sociedad y por casi todos los hablantes de las las áreas del mundo hispánico en las que se usan. También hay que añadir que los dos procesos no están siempre **estigmatizados**, es decir, no hay sentimientos fuertes contra su uso en el habla familiar. Al contrario, una persona cuya pronunciación contenga un número muy elevado de fonemas /s/ con manifestación sibilante [s], sería reconocida inmediatamente como extranjera. La aspiración y elisión de la /s/ se da (1) en el sur de España (Andalucía), (2) en el Caribe hispánico, que incluye Puerto Rico, Cuba, La República Dominicana, Panamá y Venezuela y la costa del Golfo de México (Veracruz), (3) las áreas costeras de Colombia, Ecuador, Perú, (4) El Salvador, Honduras y Nicaragua, (5) Chile, y (6) la mayor parte de los países rioplatenses de Argentina, Uruguay y Paraguay.

Además del condicionamiento estilístico y sociolingüístico de estos dos procesos, también existe un **condicionamiento fonológico y funcional** muy fuerte. En los párrafos siguientes precisaremos estos conceptos.

En el caso de la /s/ final de sílaba interior de palabra, por ejemplo en *esto, casco, espero, isla, mismo,* la tendencia en todas las zonas mencionadas es la aspiración, [h], o elisión completa: la sibilante [s] se usa particularmente en situaciones muy formales así como para la lectura en voz alta.

Veamos ahora el caso de la /s/ en posición final de palabra. Consideremos primero los factores que influyen en la selección de la **elisión**. El fonema /s/ en su posición final de palabra tiene varias funciones dentro de la oración. En palabras como *mes, después, entonces, antes, Jesús,* esta /s/ no tiene ninguna función gramatical y se le llama /s/ **lexical**. La /s/ final de palabra puede formar parte del sistema verbal. Dentro de este sistema la /s/ puede cumplir una de las cuatro funciones siguientes. En las formas de la segunda persona del singular, las que concuerdan con el pronombre *tú, tú tienes, tú ves, tú dirás, tú hablabas,* la /s/ es por sí sola la desinencia que indica la segunda persona del singular. Al elidirse esta /s/ podría producirse una posible confusión entre esta forma y la de la tercera persona del singular si no se mantiene el pronombre *tú.* Compare por ejemplo, *tú tiene(s)* y *él tiene.* El fonema /s/ también forma parte de la desinencia verbal de la primera persona del plural: *nosotros hablamos, nosotros comíamos.* En este caso el fonema /s/ no es la desinencia total sino que funciona como una parte de esta desinencia. Su elisión dejaría la desinencia en la forma /mo/ que es suficiente para comprender la frase: *nosotros comemos,* /nosotro komemo/. La /s/ también forma parte de dos palabras que figuran en la conjugación del verbo *ser: tú eres,* palabra polisílaba, y *usted es,* palabra monosílaba. Así pues, la /s/ **verbal** tiene varias funciones según la terminación con la que la asociemos.

En posición final de palabra además de ser lexical o verbal, la /s/ puede indicar **plural**. Esta es acaso su función más importante en español. La /s/ del plural funciona en tres categorías gramaticales: sustantivos, *niños, clases;* modificadores de sustantivos, *los, mis, buenos, interesantes;* y pronombres, *ellos, ustedes.* El caso del sustantivo es interesante para el funcionamiento morfológico de la /s/. En la frase nominal existe una regla de concordancia de número. Según sea o no plural el sustantivo, sus modifcadores tienen que llevar un indicador de pluralidad. Así, en una frase nominal normal aparecen varias indicaciones del número del sustantivo: *mis primeras lecciones, nuestras amigas chinas, las últimas indicaciones,* etc. Desde el punto de vista de la interpretación de las oraciones que contienen frases nominales, esta multiplicidad de indicadores de plural crea una gran redundancia. Bastaría por ejemplo con que se oyera una sola /s/ en la frase nominal para interpretar la pluralidad de la frase total.

En resumen, el fonema /s/ final tiene varias funciones en español diferentes en cuanto al intercambio de información que comportan. La elisión de la /s/ final entre la mayoría de los hispanohablantes educados que usan el proceso sigue un sistema relativamente simple. En las categorías s-lexical y s-verbal la elisión está controlada por el número de sílabas de la palabra. Si la palabra es monosílaba, se tiende a conservar la /s/ en su forma aspirada [h] o sibilante [s] según su contexto fonético. (Examinaremos esta selección fonética más adelante). En las palabras polisilábicas hay más libertad para eliminar /s/. La frecuencia de la eliminación varía según el individuo y su estilo personal del habla.

En el caso de la /s/ del plural, la elisión está condicionada por la redundancia posible. El hablante educado trata de conservar la /s/ que aparece en la primera posición en la frase nominal, es decir, en la primera palabra de la frase nominal. En frases como *los mismos hablantes, mis mejores amigos, tus intenciones,* la primera aparición de la /s/ es la de *los, tus, mis* y es la que se trata de conservar (en la forma aspirada [h] o sibilante [s], según el contexto fonético.) En cambio, las otras /s/, las de los adjetivos en posición redundante o la del sustantivo mismo pueden eliminarse siempre que estén precedidas de una palabra modificadora con /s/ en alguna forma conservada. Veamos algunos ejemplos ilustrativos: *mis padres* [mih padre], *otras materias* [otrah materia], *los adolescentes* [loh adolesente], *de todas maneras* [de todah manera], *los hijos* [los̯ iho], *mis creencias religiosas* [mih kreensia r̄elihiosa], *esos niños* [esoh niño], *esos médicos de otras especialidades* [esoh mediko de otrah ehpesialidade].

Así vemos que la elisión de la /s/ final no es un proceso aplicado por el hablante al azar, sino que está controlado sistemática e inconscientemente por el número de sílabas de la palabra y en el caso de la /s/ plural, por la redundancia.

Si el hablante no elimina /s/, tiene que escoger entre un alófono aspirado y uno sibilante para su representación fonética. Esta selección viene determinada casi totalmente por el contexto fonético de la palabra que contenga la /s/. El factor principal en la selección entre los dos sonidos es el segmento (o la ausencia del segmento) que sigue el fonema. Si el segmento es una consonante se tiende a aspirar el fonema: *lo*[h] *niños, la*[h] *calles, una cantidad de cosa*[h] *pequeñas, do*[h] *niñas, la*[h] *levantaban.* Si a la /s/ le sigue una pausa, es decir, si no hay segmentos siguientes, como en posición final de oración, es frecuente (pero no obligatorio) que la /s/ conserve su forma sibilante: *Una cantidad de cosa*[h] *pequeña*[s] // *sin complicacione*[s] // *fueron con nosotro*[h] *admirable*[s] // *yo me debo totalmente a ella*[s] //. Si a la /s/ le sigue una vocal, los hablantes del Caribe prefieren normalmente el alófono aspirado: *mi*[h] *amigos, la*[h] *intenciones, vamo*[h] *al cine,* etc. Si a la /s/ del primer modificador de la frase nominal le sigue una vocal tónica, los del Caribe prefieren el alófono sibilante: *lo*[s] *hijos, la*[s] *otras, lo*[s] *hombres,* etc. Los hablantes de la Argentina y el Uruguay, prefieren la sibilante si a la /s/ le sigue una vocal, sea o no tónica: *la*[s] *amigas, lo*[s] *hombres, mi*[s] *antepasados.*

En resumen, se representa sistemáticamente /s/ como ∅, [h] y [s]. La elisión obedece principalmente a dos factores: el número de sílabas de la palabra en la lexical o verbal, y la redundancia gramatical en el caso de la /s/ que marca pluralidad. En el caso de conservación de la /s/, su pronunciación depende directamente del segmento que le sigue.

EJERCICIO 1.

Pronuncie las siguientes palabras usando [h] en todos los casos de /s/ final de sílaba e interior de palabra. Recuerde que la /s/ puede escribirse *s* o *z* en esta posición.

Ejemplo: español [ehpañol]

1. español	11. cascabel	21. estrella
2. especial	12. espía	22. este
3. espejo	13. aspiración	23. instigar
4. justificar	14. mayúscula	24. espanto
5. esdrújula	15. estufa	25. esclavo
6. esmerado	16. escolar	26. escrito
7. rasgo	17. mezcla	27. mismo
8. estómago	18. bosque	28. describir
9. estoy	19. Cristo	29. institución
10. hasta	20. española	30. máscara

EJERCICIO 2.

Vuelva a pronunciar las palabras del ejercicio l elidiendo todas las /s/ interiores de palabra y finales de sílaba.

Ejemplo: español [epañol].

EJERCICO 3.

Identifique la (s) como 1) lexical, 2) verbal, 3) plural. Pronuncie la /s/ final de tres maneras, con 1) [s], 2) [h] y 3) Ø.

1. vamos	6. explicamos	11. eres
2. tienes	7. revés	12. es mi amigo
3. entonces	8. Martínez	13. son inteligentes
4. antes de ir	9. exámenes	14. luz
5. después	10. los muchachos	15. peces

EJERCICIO 4.

Pronuncie las siguientes frases nominales usando [h] por /s/ en el primer modificador, eliminando por completo la /s/ en los otros casos de número redundante. Mantenga la sibilante [s] en posición final.

Ejemplo: sus muchas manifestaciones

[h] Ø	[s]
1. los bancos suizos	6. los efectos musicales
2. las inversiones extranjeras	7. algunos espacios libres
3. estas primeras películas	8. nuestros grandes ídolos
4. los gastos personales	9. los programas juveniles
5. las personas conocidas	10. los partidos políticos

EJERCICIO 5.

Repita el ejercicio 4, elidiendo esta vez toda /s/ excepto la primera que se conserva con [h].

El sistema de aplicación de reglas variables que hemos descrito es el que rige principalmente entre las clases educadas del Caribe: Puerto Rico, Panamá, Cuba y Venezuela, y en las costas de Colombia, Ecuador y Chile. Hay sin embargo otros dos sistemas que también se usan en el mundo hispánico. Uno es más conservador, el que se usa en los países del Río de la Plata, y el otro de mayor desarrollo fonológico, se usa en la República Dominicana y posiblemente en las costas de Venezuela. Describiremos primeramente el sistema que rige en los países del Río de la Plata.

En general, el rioplatense sigue el mismo sistema de elisión de la /s/ que usa el hablante del Caribe. Elide la /s/ con mayor frecuencia cuando es parte de una palabra polisilábica, *después,* y menos frecuentemente cuando es parte de una palabra monosilábica, *vez.* La /s/ de la pluralidad tiende a conservarse si es el primer indicador en la frase nominal, mientras que los demás tienden a eliminarse también, como en el Caribe. La única diferencia es tal vez un grado menor de elisión entre los hablantes rioplatenses. Si la /s/ no se le elide, el hablante tiene que escoger entre la sibilante [s] y la aspiración [h]. Esta aspiración entre los hablantes rioplatenses suele ser más fuerte y va acompañada de más fricción que en el Caribe. El rioplatense usa el alófono aspirado ante consonantes, *ehto, loh casos,* y la sibilante en los demás contextos: *las amigas, mis hijos,* es decir, ante vocal tónica o átona y ante pausa. Así pues, la diferencia más importante entre el sistema rioplatense y el caribeño es que el rioplatense no aspira ante vocal, sino que conserva la sibilante.

EJERCICIO 6.
Pronuncie según la modalidad rioplatense conservando la /s/ como sibilante ante vocal y en posición final; pronuncie la /s/ como [h] ante consonante.

1. mis intenciones	6. las amigas	11. las únicas razones
2. las cosas	7. mis parientes	12. las primeras mesas
3. sus ideas	8. nuestros hijos	13. tus plumas
4. los otros	9. los hombres	14. esas investigaciones
5. nuestros arreglos	10. las debilidades humanas	15. los húngaros

EJERCICIO 7.
Pronuncie las frases del ejercicio 6 según la modalidad usada en el Caribe: (1) mantenga la primera aparición de la /s/ en su forma aspirada [h] ante consonantes y ante vocales átonas y en su forma de sibilante [s] ante vocales tónicas y (2) elimine las otras /s/ del plural.

En ciertas partes del Caribe, sobre todo en la República Dominicana, el proceso de elisión ha avanzado hasta tal punto que muchos hablantes aplican la regla de elisión de manera categórica. La única /s/ que se conserva con regularidad es la que aparece ante vocal tónica, *los otro, las ala, nuetras alma,* pero *lo amigo, entonce, vivimo, tú tiene,* etc. Entre estos hablantes la pluralidad se indica por varios otros medios: mediante el verbo, *mi amigo van con nosotro;* un cuantificador, *tengo mucho primo;* mediante la /-o/ de los modificadores, *lo niño, alguno momento;* mediante la /-e/, *árbole;* y por la falta de un determinador: *Eso e para niño.*

EJERCICIO 8.

Lea las siguientes oraciones eliminando por completo la /s/ que no esté ante vocal tónica. En cada frase nominal diga cómo se sabe si es singular o plural.

1. Mis amigos tuvieron que caminar 50 kilómetros para subir la montaña.
2. ¿Tú comiste ya todos esos tostones?
3. Allá se encuentran muchos monjes.
4. Son juguetes para niños de menos de seis años de edad.
5. Estas corbatas no hacen juego con las camisas que tú has comprado.
6. Dicen que esas golondrinas están volviendo de Capistrano.
7. Las tres frases que faltan en este ejercicio son éstas.

EJERCICIO 9.

Escuche a su profesor pronunciar las siguientes oraciones. Transcríbalas fijándose principalmente en su pronunciación de la /s/.

1. Queremos colocar unos grandes letreros para que la información se difunda mejor.
2. Son las fuerzas revolucionarias las que no aceptan las nuevas leyes.
3. Son más inteligentes si no pasan horas mirando la televisión.
4. En las películas todo es un poco más espontáneo.
5. Tal vez no sepamos las razones.

La velarizacion y elisión de /n/

El fonema /n/ en posición final de sílaba (*canto, ando, tenga*) y final de palabra (*hablan, pan*) está sujeto a un proceso de velarización, [η], o de elisión, en el que desaparece completamente el fonema nasal y deja su nasalidad a la vocal precedente, *pan* [pã]. La velarización y elisión de /n/ son comunes en muchas áreas del mundo hispánico, pero destacan tal vez más en el Caribe.

En posición interna la /n/ siempre va seguida por una consonante y el principal proceso que se aplica es normalmente la asimilación nasal, como en todos los otros dialectos del español. Así el hablante del Caribe también dice *imposible* [imposible], *tanto* [tánto] y *tengo* [teηgo]. Sin embargo, en muchos casos la articulación de esa nasal es tan débil que podemos decir que lo único que se percibe es la nasalización de la vocal precedente, algo como *canto* [kãto], *tanto* [tãto], *tengo* [tẽɡo]. En este caso, si a la vocal nasalizada le sigue una obstruyente sonora /b, d, g/ esta obstruyente ya no se manifestará en su forma oclusiva [b, d, g], el alófono normal después de una consonante nasal, sino en su forma fricativa [b̶, d̶, ɡ̶], como el alófono normal después de cualquier vocal. Y así tenemos *ambos* [ãb̶os], *anda* [ãd̶a] y *mango* [mãɡ̶o]. La elisión de la /n/ en posición final de sílaba es más frecuente si el sonido siguiente es un sonido fricativo. Es muy común la elisión en palabras como *énfasis, entonces* o *monja*. Es menos normal en el caso de los oclusivos sordos: *campo, tanto, ancla*.

En el caso de la /n/ de final de palabra hay tres contextos fonológicos relevantes para una descripción completa de su pronunciación. Si a la consonante final le sigue una palabra encabezada por consonante tendrá lugar, también preferentemente, la asimilación del punto de articulación de la nasal. Así, el hablante dirá *en pocos casos* con nasal bilabial [m], *en todo caso* con nasal dental [n] y *en casa* con nasal velar [ŋ]. Si a la consonante final de palabra le sigue una vocal, en cambio, el alófono usual para el hablante del Caribe no es el alveolar [n], como en otras zonas del mundo hispánico, sino que es la nasal velar [ŋ] y dirá *va*[ŋ] *a la playa, no come* [ŋ] *eso*. Si la /n/ está en posición final absoluta, es decir, seguida de una pausa, también es normal el alófono velar: *¿dónde está* [ŋ]? *¿a dónde va*[ŋ]? *¿qué tiene*[ŋ]? En posición final también es posible elidir totalmente el fonema nasal persistiendo solamente los rasgos de nasalidad en la vocal precedente, igual que en posición interna.

EJERCICIO 10.

Indique cuál sería la pronunciación probable de las nasales en las siguientes oraciones, si las produjera un hablante que acostumbra a velarizar la /n/.

1. Se van al anden para ver el tren.
2. Entre dentistas y lingüistas se me traba la lengua.
3. Bien se sabe que en cualquier lugar toman vino tinto con carne asada.
4. Vengan conmigo, cariños, y díganme el cuento que oyeron.
5. Es un platón de frijol negro con arroz, plátano y blanquillos bien fritos.

La lateralización de la vibrante /r/

Un rasgo también muy común a grandes áreas del mundo hispánico es la llamada *lateralización de la* /r/ final de sílaba o de palabra. En este proceso se distinguen dos etapas: una lateralización parcial de la vibrante, es decir, la realización de un sonido híbrido, y un segundo paso que es la lateralización completa, es decir, la sustitución de [l] por [r]. Ejemplos: *parte* [pal-te], *color* [kolol], *hablar* [a ƀlal]. Ese proceso, a diferencia del de aspiración y elisión de la /s/ y del de la velarización y elisión de la /n/ no está muy extendido en el habla de las clases sociales más altas y educadas. Según la información que tenemos, es muy común en el Caribe sobre todo entre los hablantes de Puerto Rico y de la República Dominicana.

EJERCICIO 11.

En el siguiente ejercicio practique la sustitución de [l] por [r] en las siguientes palabras. Recuerde hacer el cambio solamente en el caso de que la /r/ esté en posición final de sílaba o de palabra.

1.	de acuerdo	5.	perder	9.	comer
2.	verdad	6.	farsa	10.	carne
3.	suerte	7.	muerte	11.	verde
4.	cerdo	8.	duerme	12.	recuerda

El rehilamiento de la /y/

El rasgo tal vez más representativo del español de la región del Río de la Plata consiste en la producción de un alófono muy **asibilado** [ž] para el fonema palatal sonoro /y/. Es decir, el alófono principal de /y/ es un sonido palatal o a veces alveopalatal, fricativo, sonoro igual que en el español americano general, pero con más sibilancia debido a la forma que adquiere la lengua en su producción. En la articulación de [y̆] la forma de la lengua es convexa, pero en la de la [ž] es más bien plana. Además, la parte dorsal de la lengua que se utiliza, es decir, la zona del punto de contacto con el techo de la boca, es algo más posterior en [y̆] que en la [ž]. La corriente del aire y la tensión muscular son algo más fuertes en la [ž]. El timbre de [ž] es más áspero, y, en su variedad rioplatense, es casi idéntico al del sonido de la palabra inglesa *measure* o la francesa *Jean.* A esta articulación sibilante tan característica del habla rioplatense se le ha puesto el nombre de **rehilamiento.** El uso de alófonos rehilados no está restringido a la región del Río de la Plata, pero allí podemos decir que es la norma de pronunciación para casi todos los hablantes.

Debe notarse que, en el español rioplatense, el uso del alófono rehilado [ž] para el fonema /y/ corresponde también a la letra *ll,* y por eso decimos que los hablantes de este dialecto son **yeístas,** ya que no distinguen en el habla las letras *y* y *ll.* Sin embargo, entre muchos de los hablantes de esta región sí se distingue el fonema /y/, con representación rehilada [ž] en palabras como *yate, llano, llueve, yeso,* de las palabras representados ortográficamente con *hi: hiedra, hiena,* porque en estas últimas se pronuncia la semiconsonante [i̯]. Aunque se convirtiera en una consonante palatal fricativa, [y̆], no llegaría a rehilarse; así, estos hablantes no distinguen la *ll* de la *y* pero sí distinguen estas dos letras de la representación fonética de *hi + e*: mayo [mažo]; llama [žama]; hiedra [i̯edra] o [y̧edra].

EJERCICIO 12.

Pronuncia las siguientes palabras aplicando la norma de la región rioplatense, [ž] = *y* o *ll*.

1.	mayo	6.	calle	11.	yeso
2.	lluvia	7.	amarillo	12.	caballo
3.	llamar	8.	desayuno	13.	ayer
4.	llama a la yegua	9.	llorar	14.	llanto
5.	llano	10.	cayó	15.	yo me llamo

EJERCICIO 13.

Lea las siguientes oraciones en voz alta usando una pronunciación rioplatense: [ž] para *y* y *ll*. No olvide también aspirar o elidir /s/ según las normas del Río de la Plata.

1. Esta es la calle de la bella vista.
2. El llanero aprecia los caballos más que las yeguas.
3. Mi yerno se llama Guillermo pero le dicen Llermito.
4. En mayo de este año oyó que su tocayo de Sevilla había fallecido.
5. Yo me llevo muy bien con ella pero no lo aguanto a él.
6. Ayer llovió todo el santo día y hoy las calles todavía están llenas de agua.
7. Aquí en argentina se oye hablar el castellano como Dios lo mandó pronunciar.
8. ¡Vaya con esta olla que parece no tener fondo!
9. La tortilla española se hace con papas, huevos y cebolla.
10. El llanto de la llorona se oye en los llanos.

CAPITULO 22

El Español Hablado en los Estados Unidos

Entre los grupos de hispanohablantes que han inmigrado a los Estados Unidos destacan numéricamente tres: 1) los mexicanos en el oeste y el suroeste de los Estados Unidos, sobre todo en los estados de California, Colorado, Nuevo México, Arizona y Texas; 2) los cubanos, esparcidos por todo los Estados Unidos pero agrupados especialmente en el estado de la Florida y sobre todo en el área metropolitana de Miami; y 3) los puertorriqueños, concentrados en el área metropolitana de Nueva York. Las condiciones políticas y económicas que motivaron la inmigración de estos tres grupos eran distintas y en muchos casos, las clases sociales que componen los tres grupos también lo son. En lo que respecta a los de origen mexicano podríamos hablar de dos grupos: el mexicoamericano descendiente de colonizadores españoles o mexicanos que llegaron a los territorios del oeste antes de la conquista de estas zonas por los Estados Unidos y el segundo grupo, más reciente, de mexicanos que inmigraron desde comienzos del siglo XX.

Cuando estudiamos o describimos el español de los grupos latinos en los Estados Unidos hay que tener en cuenta que dentro de los grupos generacionales hay una gran diferencia en el uso del idioma español. Normalmente dentro de la primer generación de inmigrantes, el español se conserva con los rasgos del lugar de origen del hablante. El español del mexicano revela pocas diferencias con respecto al español mexicano en la zona de origen del hablante; el español cubano de la primera generación sigue siendo una variedad del español de Cuba, al igual que el español puertorriqueño de Nueva York difiere poco del puertorriqueño isleño. Sin embargo, dentro de la segunda generación, surgen anglicismos debidos a la influencia del inglés en el habla de estas personas, y el uso mismo de las dos lenguas empieza a diferenciarse. Aunque el español mexicoamericano y el español cubano, o el puertorriqueño permanecen inalterados, el **habla** de esos grupos va cambiando a medida que se usa más el inglés en la conversación. En esta sección no estudiaremos el uso hablado de los dos idiomas sino que nos restringiremos a señalar brevemente las características de la pronunciación de estos tres grupos hispánicos cuando usan el español.

El español puertorriqueño y el cubano

El español cubano y puertorriqueño, como la mayoría de las variedades americanas del español, es yeísta, es decir, la *y* y la *ll* son representaciones de un mismo fonema; y es también seseísta, es decir, las letras *s*, *z*, y *c$^{e,\ i}$* representan un solo fonema /s/. En el español puertorriqueño y cubano operan los procesos fonológicos de asimilación lateral y nasal, y existe la misma distribución de alófonos de /b, d, g/, aunque éstos tienden a ser variantes más suavizadas que en el resto de América. La /s/ en posición final de sílaba y palabra no se convierte en [z] como en otras variedades ya que este mismo fonema se aspira o se elide en esta posición. Las clases educadas cubanas y puertorriqueñas tienden a seguir el sistema descrito en el capítulo 22. Los hablantes que tienen menos educación y, en consecuencia, se ven menos influidos por el lenguaje escrito tienden a elidir con mayor frecuencia la /s/ final.

Tanto el cubano como el puertorriqueño velariza normalmente la /n/ ante vocal (*en eso*) o ante pausa (ya no hablarán). La lateralización de la /r/ es común pero varía muchísimo de un individuo a otro. Parece mucho más usual entre los puertorriqueños que entre los cubanos.

Existe otro rasgo del español de Puerto Rico que distingue esa variedad de las otras variedades del mundo hispánico: la pronunciación de la [r̄] múltiple, tanto intervocálica, *carro*, como inicial, *rosa, Ramón,* con un alófono velar o uvular fricativo, a veces sordo y a veces sonoro. Cuando esta realización es sorda, existe la posibilidad de que los hablantes de otros dialectos del español, interpreten, al oír la pronunciación puertorriqueña, el alófono uvular fricativo sordo como perteneciente al fonema /x/ y así, al oír *Ramón*, entienden *jamón.* Normalmente el contexto semántico de la oración resuelve estos problemas y una vez que el oído extranjero se acostumbra a oír los alófonos uvulares como representación del fonema vibrante múltiple, la comprensión del puerto rriqueño se facilita en gran medida.

El español mexicoamericano

El rasgo más destacable del español mexicoamericano es que comparte, por lo general, las características generales y extendidas en la variedad del

español que hemos denominado "español americano general". El hispanohablante de Los Angeles o de El Paso, por ejemplo, comparte, en general, las
mismas características de pronunciación con los hablantes de Guadalajara,
México, Guatemala, Bogotá, Quito y Lima; es decir, la mayoría de los rasgos
del español del mexicoamericano son comunes a otras variedades del español
de las tierras altas. Debemos, pues, repasar esas características. En
términos generales, el español de las tierras altas se caracteriza por un
consonantismo fuerte. Así, en contraste con los dialectos del Caribe, el
mexicoamericano no aspira ni elide la /s/, sino que la conserva en estos casos:
esto, últimos, tantos. Esa /s/ conservada no está sujeta a la aspiración o a la
elisión, pero sí está sujeta al proceso normal de asimilación de sonoridad y por
eso tiene una manifestación sonora en palabras como *desde, isla, los dedos*. El
español mexicoamericano tampoco velariza la /n/; así, en posición final de
palabra, *pan y vino, van a ir*, la /n/ se pronunciará siempre con una
manifestación alveolar y no velar. Tampoco se lateraliza la /r/ en posición final
de sílaba; así, *puerta, hablar* y *comer* se pronuncian con vibrantes y no con
sonidos laterales. El español mexicoamericano tiene en común con los otros
dialectos americanos el ser un dialecto yeísta, es decir, el fonema /y/ es la
representación fonémica de las letras *y* y *ll*, y seseísta, es decir, el fonema /s/
es la representación de las letras *s* y *z* en todos los contextos, y *c* ante *e, i*.

Existen algunos otros procesos y rasgos fonológicos en la pronunciación
del mexicoamericano que se han observado pero que no se han estudiado ni
sistemática ni cuidadosamente. Se ha notado, por ejemplo, que en ciertas
palabras en las que aparecen dos vocales en hiato, una de ellas cerrada, [i] o
[u], hay cierta tendencia a cambiar la posición del acento hablado a la vocal más
abierta de la combinación, destruyendo así el hiato y creando un nuevo
diptongo. Por ejemplo, en la palabra *maíz*, el resultado de este proceso sería
una palabra de una sola sílaba, [máis]. Esta tendencia es a veces tan fuerte que
se extiende desde las vocales medias contiguas a las abiertas, y una palabra
trisílaba como *teatro*, con las vocales [e] y [a] en hiato, se convierte en *tiatro*,
una palabra con diptongo [ia] y dos sílabas. Sin embargo, debe de recordarse
que este fenómeno no es exclusivo del dialecto mexicoamericano sino que se
encuentra entre cualquier grupo de hablantes en el que la lengua escrita ejerza
poca influencia.

Otro rasgo es la suavización de la pronunciación del fonema /č/, lo que
origina un alófono fricativo [š], sonido muy parecido, y a veces idéntico, al
sonido *sh* de palabras inglesas como *show, sherry*. Este proceso no es
exclusivo totalmente del mexicoamericano sino que se da esporádicamente en
todo el mundo hispánico. El cambio de [č] por [š] no ocasiona ningún problema
en la comprensión de las palabras españolas: *chico*, [šiko], *muchacho*
[mušašo], *marchamos*, [maršamos].

Otro fenómeno tal vez mas restringido al español mexicoamericano es el uso de una variante labiodental, [v], como alófono ocasional del fonema /b/. La alternancia entre la fricativa bilabial [ƀ] del español normal y la fricativa labiodental, [v], idéntica al sonido inglés, hace sospechar que el uso de este sonido se debe a la influencia de los hablantes que saben inglés. En los estudios que se han hecho de este fenómeno se hace ver que hay una cierta correlación entre el uso de este alófono labiodental y la letra *v*, pero la correlación es siempre débil, y en el habla se oye tanto el sonido bilabial como el labiodental como representación de la letra *b* o *v*.

Otro rasgo importante es la manifestación fonética del fonema /r/. La manifestación fonética del fonema /r/ es una variante relajada con menos tensión y con cierta fricción, no solo entre mexicoamericanos sino también en muchas zonas y en muchas variedades del español. Esta relajación se da especialmente en posición final de sílaba: *puerta*, y final de palabra: *dar*. El uso esporádico de variantes fricativas suaves y no vibrantes es absolutamente general en español. Sin embargo, entre el mexicoamericano (y entre muchos otros hablantes del mundo hispánico) ese uso parece ser más bien la norma en tal posición. En posición intervocálica, *pero, cara,* es más fuerte la tendencia a mantener la tensión requerida para la producción de un vibrante simple.

En el caso de la vibrante múltiple /r̄/ es muy común que se relaje también este sonido de forma paralela a la /r/ simple para convertirse en un sonido fricativo, en este caso algo largo, y con fricción claramente audible. Este sonido se oye sobre todo en posición inicial de palabra como *rosa, rima*.

Las vocales mexicanas están sujetas a dos procesos fonológicos: reducción y ensordecimiento. La reducción es a veces drástica en su duración pero no en su timbre (es decir, no produce una *schwa*). Se da generalmente en sílabas átonas sobre todo si éstas preceden o siguen inmediatamente a la sílaba tónica: *ord^inario, pas^e, ^usted*. Las vocales en contacto con sibilantes tienen una propensión especial a reducirse: *l^as cos^as, part^es*.

El otro proceso que se da comunmente es el ensordecimiento de las vocales que están en contacto con consonantes sordas, sobre todo si la vocal va en posición final seguida de pausa: ocho [oč̣o̥], coco [koko̥]. Muchas veces el ensordecimiento se combina con la reducción en palabras como *hace, costa,* etc.

Hay además una serie de procesos que afectan a las vocales. En algunos casos el proceso es general; en otros afecta solamente a palabras específicas. Sin embargo, hay que tener en cuenta que en ningún caso se trata de procesos restringidos al español mexicoamericano, ni siguiera al mexicano, ya que se dan por lo menos esporádicamente en todos lo dialectos hispánicos.

La sílaba átona inicial, especialmente /a-/ se pierde fácilmente en el habla de los mexicoamericanos: *(a)cordar, (a)rreglar, (a)hora, (a)cabar, (es)tar, (ha)cer*. Por consiguiente, a veces se agrega la /a-/ a palabras que no la tienen: (a)tocar, (a)gastar. A veces se suprime una sílaba pretónica entera: *zanahoria > zonria, alrededor > alredor*.

Las vocales en hiato tienden a reducirse a diptongo. El proceso puede realizarse mediante la dislocación del acento, *maíz > maiz, ahí > ahi, traído > traido*; o por cerrazon de /e/ a /i/ o de /o/ a /u/: *pelear > peliar, trae > trai, toalla > tualla*.

Los diptongos tienden a su vez a reducirse a vocales simples: [ie] > [e] en *paciencia* > pacencia, *ciencia* > cencia, *siente* > sente, pienso > penso.

Las vocales átonas pueden variar mucho; se alternan sobre todo la /i/ y la /e/, y la /o/ y la /u/: *historia > hestoria, policía > polecía, cumplir > complir, recuperar > recoperar, entender > intender, manejar > manijar, seguro > siguro, morir > murir*.

La /y/ palatal intervocálica suele desaparecer con facilidad sobre todo si va precedida o seguida de /i/: *estrellita > estreíta, gallina > gaína, cuchillo > cuchío*, pero también si va precedida por /e/ o seguida de otra vocal que no sea /e/: *bellaco > beaco, cabelludo > cabeúdo*, pero no en *calle* o en *leyenda*. Por supuesto, se da también el proceso inverso: *creo > creyo, mío > miyo, maestro > mayestro, leer > leyer*.

En resumen, la pronunciación del español por el mexicoamericano comparte los rasgos de las otras áreas de las tierras altas del español de América.

APENDICE A

Resumen Articulatorio

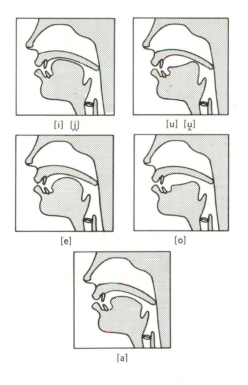

[i] [i̯]   [u] [u̯]

[e]   [o]

[a]

Vocales y semivocales

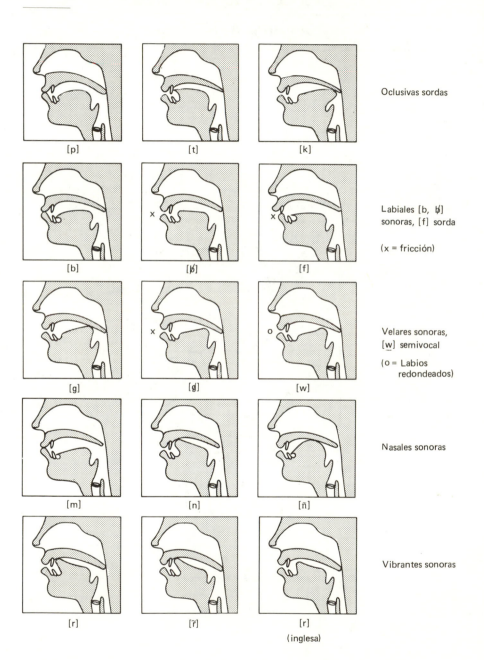

Oclusivas sordas

[p]   [t]   [k]

Labiales [b, b̷]
sonoras, [f] sorda

(x = fricción)

[b]   [b̷]   [f]

Velares sonoras,
[w̲] semivocal

(o = Labios
redondeados)

[g]   [g̷]   [w]

Nasales sonoras

[m]   [n]   [ñ]

Vibrantes sonoras

[r]   [r̃]   [r]
(inglesa)

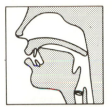
[l]

[ĺ] penisular

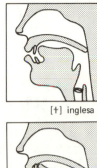
[ɫ] inglesa

Laterales sonoras

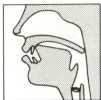
[θ] penisular

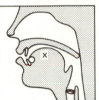
[s]

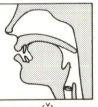
[ş] peninsular

Sibilantes sordas

[x]

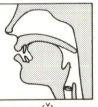
[č]

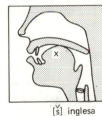
[š] inglesa

Fricativas y africadas sordas

[y]

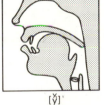
[y̌]'

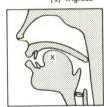
[ž] inglesa y argentina

Palatales sonoras

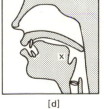

[d]

[đ]

Oclusiva y fricativa sonoras
(dentales sonoras)

Los fonemas consonánticos del español

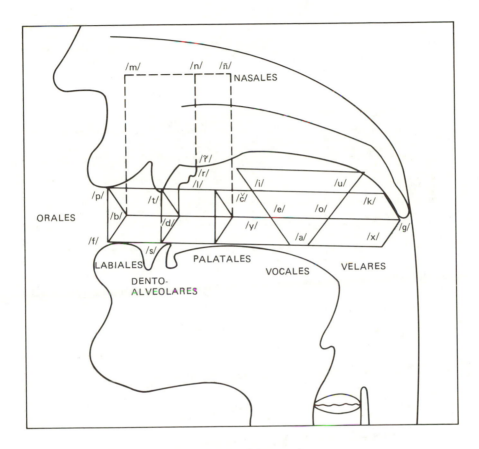

Los fonemas del español

Los fonemas consonánticos del inglés

APENDICE B
Glosario

abierta (vocal)   open (vowel)
acento   accent, stress
acento agudo   acute accent
acústica   acoustics
aguda   word with syllable final stress
alófono   allophone
alta (vocal)   high (vowel)
alvéolos   alveolar ridge
alveolar   alveolar
alveopalatal   alveopalatal
andaluz   Andalusian Spanish
antepenúltima   third syllable from the end
anterior (vocal)   front vowel
ápice (de la lengua)   tongue tip
archifonema   archiphoneme
articular   articulate
articulatorio   articulatory
asibilado   assibilated
asimilación   assimilation
asimilación de sonoridad   voicing assimilation
aspiración   aspiration
átono   unstressed

bilabial   bilabial

calidad vocálica   vocal quality
castellano   Castilian Spanish

categórica (aplicación)   categorical application
cavidad nasal   nasal cavity
cavidad oral (bucal)   bucal cavity
cerrada (vocal)   closed (vowel)
circunflejo   circumflex
condicionamiento (de reglas)   constraints (on rules)
consonante   consonant
contorno terminal   terminal juncture
contrastivo   contrastive
corta (vocal)   short (vowel)
cuerdas vocales   vocal cords

debilitamiento   weakening
dental   dental
diéresis   dierisis, umlaut
diptongo   diphthong
distintivo   distinctive
distribución complementaria   complementary distribution
dorso (de la lengua)   back of tongue
duración   length

elisión   deletion
enlace   linking
entonación   intonation
epiglotis   epiglotis

esdrújula   word stressed third
  syllable from end
estigmatizado   stigmatized
estilística (variación)   stylistic
  variation
estilo   style (stylistic)
estirado (vocal)   spread (vowel)

fonema   phoneme
fonética   phonetics
fonología   phonology
fricativo   fricative

grupo consonántico   consonant
  cluster

hiato   hiatus

interferencia   interference

labiodental   labiodental
labios   lips
larga (vowel)   long (vowel)
laringe   larynx
lateral   lateral
léxica (palabra)   lexical (word)
lingüística   linguistics

llana   word stress penultimately

media (vocal)   mid (vowel)
morfema   morpheme
morfología   morphology

nasal   nasal
neutralización (de contraste)
  neutralization (of contrast)

obstruyente   obstruent
oclusivo   occlusive
ortografía   orthography

paladar   palate
palatal   palatal
palatalización   palatalization
par mínimo   minimal pair
penúltima (sílaba)   next to last
  syllable, penultimate
postdorso (de la lengua)   back of
  tongue
posterior (vocal)   back (vowel)
predorso (de la lengua)   blade of
  tongue
proceso fonológico   phonological
  process
prosódico   prosodic
punto de articulación   place of
  articulation

rasgos distintivos   distinctive
  features
rasgos   (fonológicos)   (phono
  logical) features
rasgos redundantes   redundant
  features
redondeada (vocal)   rounded
  (vowel)
reducción vocálica   vowel
  reduction
refuerzo   strengthening
rehilamiento   narrowing,
  compressing
relajada (vocal)   relaxed (vowel)
retroflejo   retroflexed
ritmo   rhythm
ritmo acentual   stress-timed
  rhythm
ritmo silábico   syllable-timed
  rhythm

semántica   semantics
semiconsonante   semi-
  consonant

semivocal semi-vowel

seseo the pronunciation of the letters *s*, *z* and *c*(e, i) with the same sound, usually [s].

silabificación (silabeo) syllabication

sílaba syllable

sintaxis syntax

sobreesdrújula word stressed fourth syllable from end

sociolingüística sociolinguistics

sonante sonorant

sonoridad voicing

sonoro voiced

sordo voiceless

suprasegmentales (rasgos) suprasegmentals

tensa (vocal) tense (vowel)

tierras altas (el español de) highlands (Spanish)

tierras bajas (el español de) lowlands (Spanish)

tilde tilde

timbre timbre

tónico stressed

tono tone, pitch

tono intercalado embedded pitch

transcripción amplia broad transcription

transcripción entrecha narrow transcription

transferencia transfer

tráquea trachea

triptongo triphthong

última (sílaba) last (sílaba)

uvular uvular

variable fonológica phonological variable

velar velar

velo velum

vibrante múltiple trill

vibrante simple tap, flap

vocal vowel

vulgar (latín) Vulgar Latin (Late Latin)

yeísmo the pronunciation of both *y* and *ll* with the same sound, usually [y̸].

Bibliografía

En esta bibliografía hemos tratado de incluir los libros y artículos de más importancia sobre la fonética y fonología españolas. Sin embargo es probable que se nos haya escapado algunas obras de importancia. Hemos enfatizado las variedades del español más importantes en los Estados Unidos por las grandes concentraciones de hablantes de éstas, a saber, el méxico-americano (y el mexicano), el puertorriqueño y el cubano. En cada sección usamos * para indicar las obras claves en nuestro juicio.

Revistas profesionales

AdeL	Anuario de Letras (México)
AITIC	Anuario del Instituto Tropical de Investigaciones Científicas
Ar	Arbor
AO	Archivum (Oviedo)
BAPR	Boletín de la Academia Puertorriqueña de la Lengua
BF	Boletín de Filología
BFC	Boletín del Instituto de Filología de la Universidad de Chile
BR	The Bilingual Review/La Revista Bilingüe
BRAE	Boletín de la Real Academia Española
CJL	Canadian Journal of Linguistics
EH	Estudios Hispánicos

EspA	Español Actual
Filo	Filología
FLang	Foundations of Language
His	Hispania
HR	Hispanic Review
IRAL	International Review of Applied Linguistics
JPh	Journal of Phonetics
KFLQ	Kentucky Foreign Language Quarterly
LangSpeech	Language and Speech
LEA	Lingüística española actual
Lg	Language
LI	Linguistic Inquiry
Ling	Linguistics
LL	Language Learning
LSoc	Language in Society
LSp	Lebende Sprachen
MLF	Modern Language Forum
MLJ	Modern Language Journal
NRFH	Nueva Revista de Filología Hispánica
Or	Orbis
Ph	Phonetica
PIL	Papers in Linguistics
PRom	Papers in Romance
RDTP	Revista de Dialectología y Tradiciones Populares
REH	Revista de Estudios Hispánicos (Rio Piedras)
RFE	Revista de Filología Española
RFHC	Revista de la Facultad de Humanidades y Ciencias (Montevideo)
RI	Revista Iberoamericana
RLA	Revista de Lingüística teórica y aplicada
RLV	Revue des Langues Vivantes (Buselas)
RN	Romance Notes
RPh	Romance Philology
RR	Revue Roman
RRL	Revue Roumaine de Linguistique
SinLing	Studies in Linguistics (New Haven, Conneticut)
SL	Studia Linguistica
SMLL	Florida State University Studies in Modern Language and Literature
Th	Thesaurus (Boletín del Instituto Caro y Cuervo)
TLL	Travaux de Linguistique et de Pittérture

Colecciones de artículos

ALFAL V	Actas de la quinta reunión de la Asociación de Lingüística y Filología de América Latina, Caracas, Venezuela, 1978.
BDH	Biblioteca de dialectología hispánica (Buenos Aires).
BLS	Proceedings of the annual meeting of the Berkeley Linguistics Society.
CHL 75	1975 Colloquium on Hispanic Linguistics (eds., F. Aid, et. al.) Washington: Georgetown University Press.
CHL-III	Proceedings from the third colloquium in Hispanic and Luso Brazilian Linguistics (eds., F. Frank, J. Guitart, J. Lantolf) Washington: Georgetown University Press, 1979.
CIPhSc	Current Issues in the Phonetic Sciences (eds., H. Hollien y P. Hollien) Amsterdam: Benjamins.
CLS	Papers from the annual meeting of the Chicago Linguistics Society.
CongIntHisp	Actos del Quinto Congreso Internacional de Hispanistas (eds., M. Chevalier et. al.) Bordeaux: PU de Bordeaux.
Corrientes	Corrientes actuales en la dialectología del Caribe Hispánico (ed., H. Lopez Morales), San Juan, Puerto Rico: Editorial Universitaria, Universidad de Puerto Rico
CSPL	1974 Colloquium on Spanish and Portuguese Linguistics (eds., N. Milan, J. Steczek, y J. Zamora), Washington: Georgetown University Press.
CSRL	Contemporary Studies in Romance Linguistics (ed., M. Suñer), Washington: Georgetown University Press.
FestOrnstein	Festschrift for Jacob Ornstein: Studies in General Linguistics and Sociolinguistics (eds., E. Blansitt y R. Teschner), Rowley, Mass: Newbury House.
FGT	Los fundamentos de la gramática transformacional (ed., H. Contreras), Madrid: Siglo Veintiuno.
HomFE	Homenajes. Estudios de Filología Española, I, Madrid.
HomR	Homenaje a Antonio Rabanales, Santiago, Chile, 1981 (en prensa).
ICL-9	Proceedings of the 9th International Congress of Linguistics, Cambridge, Massachusetts.
LingDiv	Three Essays on Linguistic Diversity in the Spanish-Speaking World (ed., J. Ornstein), La Haya: Mouton.

LSRL-VIII   Proceedings of the eighth Linguistics Symposium on
                     Romance Languages (ed. F. Nuessel), Rowley,
                     Massachusetts: Newbury House.
NatPhon   Papers from the Parasession on Natural Phonlogy, Chicago:
                     Chicago Linguistics Society.
Nf   Nasalfest: Papers from a Symposium on Nasals and
                     Nasalization (eds., C. Ferguson, L. Hyman y J. Ohala)
                     Stanford, California: Stanford University (Department
                     of Linguistics).
NWAVE   Proceedings of the N-WAVE Conference, Montreal
(Montreal)   Working Papers in Linguistics, University of Montreal
                     (en prensa).
PFLE   Presente y futuro de la langua española, Madrid: OFINES.
PMLA   Publications of the Modern Language Association.
QALS   Quantitiative Analysis of Linguistic Structure (ed., W.
                     Labov), New York: Academic Press.
SDCH   Actas del Quinto Simposio sobre Dialectología del Caribe
(Caracas)   Hispánico (ed., F. D'Introno), 1980 (en prensa).
SDCH   Actas del Sexto Simposio Sobre Dialectología del Caribe
(Santiago)   hispánico (ed., F. D'Introno), 1980 (en prensa).
SDCH   Actas del Sexto Simposio Sobre Dialectología del Caribe
(Santiago)   hispánico (ed., O. Alba). Santiago, República Domini-
                     cana: Universidad Católica Madre y Maestra, 1981
                     (en prensa).
SDCH   Actas del Cuarto Simposio sodre Dialectología del Caribe
(San Germán)   Hispánico (ed., B. Saciuk), San German, P. R., 1979
                     (en prensa).
SimMex   El Simposio de Mexíco, Actas, Informes y Comunicaciones,
                     México: Universidad Nacional Autónoma de México.
SLTeaching   Second Language Teaching 75, (eds., H. Hammerly y I.
                     Sawyer), Vancouver, Canada: Simon Fraser
                     University, 1975.
Span US   Spanish in the United States: Sociolinguistic Aspects (eds.,
                     J. Amaste y L. Elías Olivares), Cambridge: Cambridge
                     University Press, 1981 (en prensa).
St in LL   Studies in language and linguistics, 1969-70. (eds., R.
                     Ewton y J. Ornstein), El Paso: Texas Western Press,
                     1970.
TCLP   Travaux du Cercle Linguistique de Prague

Bibliografías

Alvar, M. 1962. *Dialectología española*. Madrid: Consejo Superior de Investigaciones Científicas.

Frey, H. 1974. *Teaching Spanish: A Critical Bibliographic Survey*. Rowley, Massachusetts: Newbury House.

Godínez, M. 1978. *A Survey of Spanish and Portuguese Phonetics*. Los Angeles: University of California (Working Papers in Phonetics).

Quilis, A. 1963. *Fonética y fonología del español*. Madrid: Consejo Superior de Investigaciones Científicas.

Solé, C. 1970. *Bibliografía sobre el español en América 1920-1967*. Washington: Georgetown University Press.

Pedagogía

Beym, R. 1960. "Practical Phonological Orientation for Effective Spoken Spanish," *His* 43:67-9.

Bowen, J. 1963. "Teaching Spanish Dipthongs," *His* 46:795-800.

_____ y R. Stockwell. 1957. "Orthography and Respelling in Teaching Spanish," *His* 40:200-05.

*_____ y _____. 1960. *Patterns of Spanish Pronunciation (A Drillbook)*. Chicago: The University of Chicago Press.

Canfield, D. 1940. "Dipthongization in the Spanish of the Anglo-North American," *His* 24:211.

_____. 1949. "What Spanish Sounds Are Most Difficult for North Americans?" *His* 23:153-60.

Cárdenas, D. 1960. *Introducción a una comparación fonológica del español y del inglés*. Washington: Center for Applied Linguistics.

Casares, J. 1958. "Las nuevas normas de prosodia y ortografía," BRAE 38:331-42.

*Dalbor, J. 1980. *Spanish Pronunciation: Theory and Practice*. 2nd ed. New York: Holt, Rinehart and Winston.

Delattre, P. 1945. "Spanish Is a Phonetic Language," *His* 28:511-516.

_____. 1965. *Comparing the Phonetic Features of English, French, German, and Spanish: An Interim Report*. Philadelphia: Chilton Books,

Duncan, R. 1945. "The Value of Phonetics in Teaching Spanish," *His* 28:90-4.

Estarellas, J. 1972. "Problems in Teaching Spanish Pronunciation and Writings by the Audio-Lingual Method: A Case Study," *His* 55:96-100.

Gaona, F. 1951. *La enseñanza de los sonidos de la lengua española. (Algunas consideraciones.)* México: American Institute for Foreign Trade.

Green, J. 1971. *Spanish Phonology for Teachers.* Philadelphia: Center for Curriculum Development.

*Hadlich, R., J. Holton, y M. Montes. 1968. *A Drillbook of Spanish Pronunciation.* New York: Harper and Row.

Jones, W. 1951. "What Spanish Pronunciation Shall We Teach?" *His* 34:253-60.

Lado, R. 1956. "A Comparison of the Sound System of English and Spanish," *His* 39:26-9.

Lado, R. 1965. *Una comparación entre los sistemas fónicos del inglés y el español.* Montevideo: Instituto Lingüístico Latinoamericano, Universidad de la República.

Leadingham, G. 1919. "How I Teach Spanish Pronunciation," *His* 2: 260-62.

Mallo, J. 1949. "Puntos de vista acerca de la enseñanza de la pronunciación española," His 32:40-43.

Matluck, J. 1957. "The Presentation of Spanish Pronunciation in American Textbooks," *MLJ* 41:219-28.

Merton Wise, C. 1957. *Applied Phonetics.* New York: Prentice-Hall, Inc.

*Nash, R. 1977. *Comparing English and Spanish: Patterns in Phonology and Orthography.* New York: Regents.

*Quilis, A. y J. Fernandez. 1969. *Curso de fonética y fonología españolas.* Madrid: Consejo Superior de Investigaciones Científicas.

Real Academia Española. 1958. "Nuevas normas de prosodia y ortografía (nuevo texto definitivo)," *BRAE* 38:343-47.

_____. 1973. *Esbozo de una gramática de la lengua española.* Madrid:Espasa-Calpe, S.A.

Rosenblat, A. 1953. *Las nuevas normas ortográficas y prosódicas de la Academia Española.* Caracas: Universidad Central de Venezuela.

Sacks, N. 1962. "A Study in Spanish Pronunciation Errors," *His* 45:289-300.

*Stockwell, R. y J. D. Bowen. 1965. *The Sounds of English and Spanish.* Chicago: University of Chicago Press.

Uebner, T. 1947. "Castilian or Spanish American?" *His* 30:70-1.

Wright, L. 1962. "Five Spanish R's: How to Approach Them," *His* 45:742-43.

Estudios generales

Abramson, A. y L. Lisker. 1973. "Voice-timing Perception in Spanish Word Initial Stops," JPh 1:1-8.

Bailiff, L. 1939. "Binary Synaloepha," *MLF* 24:177-89.

_____. 1940. "Hiatus in Spanish poetry," *MLF* 25:133-7.

_____. 1940. "Synaloepha with Three Vowels," *MLF* 25:75-81.

Beberfall, L. 1961. "Y and LL in Relaxed Spanish Speech," *His* 44:505-9.

Bolinger, D. 1952. "Evidence on *x*," *His* 35:49-63.

Bonzone de Manrique, A. 1976. "Acoustic Study of /i, u/ in the Spanish Diphthong," *LangSpeech* 19 part 2:121-8.

_____. 1977. "On the Recognition of Isolated Spanish Vowels," *CIPhSc*, 677-81.

_____. y J. Bowen. 1957. "Sequences of Vowels in Spanish," *BF* 9:5-14.

*Canfield, D. 1962. *La pronunciación del español en América*. Bogotá: Publicaciones del Instituto Caro y Cuervo 17.

_____. 1967. "Trends in American Castilian," *His* 50:912-18.

Cárdenas, D. 1958. "The Geographic Distribution of the Assibilated r, rr in Spanish America," *Or* 7:407:14.

_____. 1960. "Acoustic Vowel Loops of Two Spanish Dialects," *Ph* 5:9-35.

Contreras, H. 1968. "Vowel Fusion in Spanish," *His* 52:60-2.

Dykstra, G. 1954. *Spectrographic Analysis of Spanish Sibilants and Its Relation to Navarro's Physiological Phonetic Description*. Tesis, Ann Arbor, Michigan University of Michigan.

Doman, M. 1969. "H aspirada y F moderna en el español americano," *Th* 24:426-58.

*Gili Gaya, S. 1962. *Elementos de fonética general*. Madrid: Editorial Gredos.

Granada, G. 1969. "La desfonologización de /Ř/ - /R/ en el dominio hispánico," *Th* 24:1-11.

Henríquez Urena, P. 1921. "Observaciones sobre el español de América," *RFE* 8:357-90.

_____. 1938. "El español en Méjico, los Estados Unidos y la América Central," *BDH* 4.

Hutchinson, S. 1974. "Spanish Vowel Sandhi," *NatPhon* 184-92.

*Lavendera, B. 1974. "On Sociolinguistic Research in New World Spanish: A Review Article," *LSoc* 3:247-92.

*Lope Blanch, J. 1968. "Hispanic Dialectology," *Current Trends in Linguistics* 4:106-57.

_____. 1969. "El proyecto de estudio coordinado de la norma lingüística culta de las principales ciudades de Iberoamérica y de la Península Ibérica: su desarollo y su estado actual," *SimMex* 222-3.

_____. 1978. "Una nota sobre los sonidos vibrantes," *AdeL* 16:247-50.

Macpherson, I. 1975. *Spanish Phonology: Descriptive and Historical*. New York: Barnes and Noble.

Malmberg, B. 1947. "L'espagnol dans le Nouveau Monde--probléme de linguistique générale," *SL* 1:79-116.

_____. 1964. "Tradición hispánica e influencia indígena en la fonética hispanoamericana," *PFLE* 227-43.

_____. 1971. *Phonétique générale et romane.* La Haya: Mouton.

Navarro Tomás, T. 1952. "La pronunciación de la x y la investigación fonética," *His* 35:330-1.

*_____. 1968. *Manual de pronunciación española.* Madrid: Consejo Superior Investigaciones Científicas.

Predmore, R. 1946. "Notes on Spanish consonant Phonemes," *HR* 14:169-72.

Quilis, A. 1964. "Datos fisiológico-acústicos para el estudio de las oclusivas españolas y sus correspondientes alófonos fricativos," *HomFE* 1:33-42.

_____. 1966. "Sobre los alófonos dentales de /s/," *RFE* 49:335-43.

_____. 1966. "Datos para el estudio de las africadas españolas," *TIl* 4:403-12.

_____. 1970. *Fonética española en imágenes.* Madrid: La Muralla.

_____. 1971. "Caracterización fonética del acento español," TLL 9:53-72.

_____. 1973. *Album de fonética acústica.* Madrid: Consejo de Investigaciones Superiores.

_____ y R. B. Carrill. 1971. "Análisis acústico de [ř] en algunas zonas de Hispanoamérica," RFE 54:271é316.

_____, M. Esgueva, M. L. Gutierrez y M. Cantarero. 1979. "Características acústicas de las consonantes laterales españolas," LEA 1:233-44.

Resnick, M. 1969. "Dialect Zones and Automatic Dialect Identification in Latin American Spanish," *His* 52:553-68.

*_____. 1975. *Phonological Variants and Dialect Identification in Latin American Spanish.* La Haya: Mouton.

Rona, J. 1964. "El problema de la división del español americano en zonas dialectales," *PFLE* 1:215-26.

Rosario, R. 1970. *El español de América.* Sharon, Connecticut: Troutman Press.

Sanz, C. 1979. "El encuentro de fonemas homólogos en español," LEA 1:345-64.

Saporta, S. 1955. "Frequency of Consonant Clusters," *Lg* 21:25-30.

_____ y R. Cohen. 1957. "The distribution and relative frequency of Spanish diphthongs," *RPh* 11:371-7.

_____ y D. Olson. 1958. "Classification of Intervocalic Clusters," *Lg* 32:261-66.

Sawyer, J. 1956. "The Distribution of Some Consonant Allophones in Spanish," *LL* 7:89-98.

Skelton, R. 1969. "The Pattern of Spanish Vowel Sounds," *IJAL* 7:231-7.

Teoría fonológica

Alarcos Llorach, E. 1959. "Semivocales y semiconsonantes españolas," *AO* 9:179-88.

_____. 1964. "Algunas cuestiones fonológicas del español de hoy." *PFLE* 2:150-61.

*_____. 1968. *Fonología española*. Madrid: Editorial Gredos.

Alonso, A. 1967. *Estudios lingüísticos: temas españoles*. 3a. ed. Madrid: Editorial Gredos.

_____. 1967. *Estudios lingüísticos. temas hispanoamericanos*. 3a. ed. Madrid: Editorial Gredos.

Alvar, M. 1969. *Estructuralismo, geografía, lingüística y dialectología actual*. Madrid.

Bjarkman, P. 1978. "Theoretically Relevant Issues in Cuban Spanish Phonology," *CLS* 14:13-27.

_____. 1978. "Weakening Chains and Natural Histories of Selected Consonants," *LSRL* VIII.

_____. 1978. "Spanish Glides Revisited: A Natural Phonological Analysis," *PIL* 11:537-47.

Bowen, J. D. y R. P. Stockwell, 1955. "The Phonemic Interpretation of Semivowels in Spanish," *Lg* 31:236-40.

_____ y _____. 1956. "A Further Note on Spanish Semivowels," *Lg* 32:290-92.

*Cedergren, H. y D. Sankoff. 1974. "Variable Roles: Performance as a Statistical Reflection of Competence," *Lg* 50:333-55.

_____ y _____. 1975. "Nasals: A Sociolinguistic Study of Change in Progress," *Nf*, 67-80.

_____ y P. Rousseau. 1979. "Una validación empírica de modelos de ordenación de reglas (español panameño)," *SDCH* (San Germán).

_____ y _____ y D. Sankoff. 1980. "La variabilidad de la r y los modelos de ordenación de reglas," *SDCH* (Caracas).

Craddock, J. 1973. "Reseña de *Spanish Phonology* (James Harris)," *Ling* 109:83-109.

Cressey, W. 1974. "Spanish Glides Revisited." *CSPL:35-43*.

*_____. 1978. *Spanish Phonology and Morphology: A Generative View*. Washington: Georgetown University Press.

_____. 1978. "Absolute Neutralization of the Phonemic Glide-versus-Vowel Contrast in Spanish," *CSRL*, 90-105.

García, E. 1968. "Hispanic Phonology," *Current Trends in Linguistics* 4:63-83.

Guitart, J. 1976. *Markedness and a Cuban Dialect of Spanish*. Washington: Georgetown University Press.

_____. 1976. "A propósito del español de Cuba y Puerto Rico: hacia un modelo no sociolingüístico de lo sociodialectal," *Corrientes, 77-92*.

_____. 1976. "Phonetic Neutralization in Spanish and Universal Phonetic Theory," CSPL, 51-5.

_____. 1979. "¿Cuán autónoma es la fonología natural del español cubano de Miami," *RLA* 17:49-56.

Hammond, R. "Phonemic Restructuring of Voiced Obstruents in Miami-Cuban Spanish," *CHL-III*, 42-51.

Hara, M. 1973. *Semivocales y neutralización. Dos problemas de fonología española*. Madrid: Consejo Superior de Investigaciones Científicas.

*Harris, J. 1969. *Spanish Phonology*. Cambridge, Mass. MIT Press.

_____. 1970. "Sequences of Vowels in Spanish," *LI* 1:129-34.

_____. 1970. "Distinctive Feature Theory and Nasal Assimilation in Spanish," *Ling* 58:30-7.

_____. 1971. "Aspectos del consonantismo español," *FGT* 164-85.

Hooper, J. 1972. "The Syllable in Phonological Theory," *Lg* 48:525-40.

_____. 1974. "Rule Morphologization in Natural Generative Phonology," *Nat Phon*, 160-70.

_____. 1975. "The Archi-segment in Natural Generative Phonology, *Lg* 51:536-60.

*_____. 1976. *An Introduction to Natural Generative Phonology*. New York: Academic Press.

Hyman, R. "[n] as an Allophone Denoting Open Juncture in Several Spanish-American Dialects," *His* 39:293-9.

Lope Blanch, J. 1977. "En torno al polimorfismo," *Cong Int Hisp*, 593-601.

Lozano, M. 1979. *Stop and Spirant Alternations: Fortition and Spirantization Processes in Phonology*, Tesis doctoral. Bloomington, Indiana: Indiana University.

Navarro-Tomás, T. 1966. *Estudios de fonología española*. New York: Las Americas Publishing Co.

Núñez Cedeño, R. 1979. *Fonología del español de Santo Domingo*. Santo Domingo: Editora Taller.

Quilis, A. 1963. "La juntura en español: un problema de fonología," *PFLE* 2:163-71.

Sableski, J. *A Generative Phonology of a Spanish Dialect*. Seattle: University of Washington Press. 1965.

Sankoff, D. 1980. "Ordenamiento de reglas variables," *SDCH* (Caracas).

Saporta, S. 1956. "A Note on Spanish Semivowels," *Lg* 32:287-90.

_____ y H. Contreras. 1962. *A Phonological Grammar of Spanish.*
Seattle: University of Washington Press.

Stockwell, R. y L. Kiddle. 1956. "On Phonemes and Allophones," *His* 39:325-27.

*_____. y J. Bowen. 1965. *The Sounds of English and Spanish.*
Chicago: University of Chicago Press.

Terker, A. y E. Anderson. 1979. "Phonotactic Constraints and Rule
Conspiracies in Spanish," *PRom* 2,i:61-75.

Terrell, T. 1975. "Natural Generative Phonology: Evidence from Spanish," *SL
Teaching,* 259-67.

_____. 1976. "La aportación a la teoría fonológica de los estudios dialectales
antillanos," Corrientes, 217-38.

_____. 1977. "Universal Constraints on Variably Deleted Consonants," *CJL*
22, 2:156-68.

_____. 1977. "Observations on the Relationship between Group and
Individual Variation in the Development of Constraints on Variable Rules:
Evidence from Spanish," *BLS* 3:535-44.

_____. 1977. "Hacia un modelo de comparación dialectal: aspiración y
elisión de /s/," *Fest Ornstein,* 303-12.

_____. 1979. "Problemas en los estudios cuantitativos de procesos
fonológicos variables: datos del Caribe Hispánico," *BAPR 8.*

_____. 1979. "Diachronic Reconstruction by Dialect Comparison of Variable
Constraints: s-Aspiration and Deletion in Spanish. *NWAVE* (Montreal).

_____. 1981. "La marcadez de pluralidad: evidencia del español
dominicano. *Hom R.*

_____. 1981. "Current Trends in the Investigation of Cuban and Puerto
Rican Phonology," *Span US.*

Trager, F. "The Phonemes of Castilian Spanish," *TCLP* 8:217-22.

Estudios diacrónicos

Alonso, A. 1951. "Historia del ceceo y del seseo españoles," *Th* 7:11-200.

_____. 1955. *De la pronunciación medieval a la moderna en español.*
Madrid: Editorial Gredos.

Alonso, D. 1962. "La fragmentación fonética peninsular," *Enciclopedia
lingüística hispánica.*

Alvar, M. 1979. "Propagación de la norma lingüística sevillana," *Ar* 408:23-38.

Canfield, D. 1952. "Spanish-American Data for the Chronology of Sibilant
Changes," *His* 35:25-35.

—————. 1961. "Andalucismos en la pronunciación hispanoamericana," *KFLQ* 8:177-81.

—————. 1964. "The Diachronic Dimension of 'Synchronic' Hispanic Dialectology," *Ling* 7:5-9.

Catalán, D. 1956. "El ceceo-zezeo al comenzar la expansión atlántica de Castilla," *BFL* 16:305-34.

—————. 1957. "The end of the phoneme /z/ in Spanish," *Word* 13:283-322.

Corominas, J. 1953. "Para la fecha del yeísmo y del lleísmo," *NRFH* 7:81-7.

Fontanella de Weinberg, M. 1977. "Interpretaciones teóricas y estudios documentales sobre la evolución de las sibilantes españolas," *RPh* 31:298-308.

Henríquez Ureña P. 1932. "Sobre el problema del andalucismo dialectal de América," *BDH*.

*Lapesa, R. 1949. *Historia de la lengua española*. Madrid: Escelicer.

—————. 1956. "Sobre el ceceo y el seseo en Hispanoamérica," *RI* 21:409-16.

—————. 1957. "Sobre el ceceo y seseo andaluces," *EH* 1:67-94.

—————. 1964. "El andaluz y el español de América," *PFLE* 173:82.

Martinet, A. 1951. "The Unvoicing of Old Spanish Sibilants," *RPh* 5:133-56.

*Menendez-Pidal, R. 1962. *Manual de gramática histórica española*. 11ª ed., Madrid: Espasa Calpe.

Navarro Tomás, T. "Nuevos datos sobre el yeísmo en España," *Th* 14:1-17.

Resnick, M. 1976. "Algunos aspectos histórico-geográficos de la dialectología hispanoamericana," *Or* 25 no.2:264:76.

Suprasegmentales

Anthony, A. 1948. "A Structural Approach to the Analysis of Spanish Intonation," *LL* 1:24-31.

Bolinger, D. 1954. "English Prosodic Stress and Spanish Sentence Order," *His* 37:152-6.

—————. 1956. "Stress on Normally Unstressed Elements," *His* 39:105-6.

—————. 1962. "Secondary Stress in Spanish," *RPh* 25:273:9.

Bowen, J. 1956. "A Comparison of the Intonation Patterns of English and Spanish," *His* 39:20-5.

Delattre, P., C. Olsen, y E. Poenack. 1962. "A Comparative Study of Declarative Intonation in American English and Spanish," *His* 45:233-41.

Kvavik, K. 1974. "An Analysis of Sentence-Initial and Final Intonational Data in Two Spanish Dialects," *JPh* 2:351:61.

—————. 1974. "Theories and Methods in Spanish Intonational Studies," *Ph* 30:65-100.

_____. 1976. "Direction in Recent Spanish Intonation Analysis,"
Corrientes, 181-98.

_____. 1976. "Research and Pedagogical Materials on Spanish
Intonation: a Re-examination," *His* 59:406-17.

Matluck, J. 1965. "Entonación hispánica," *AdeL* 5:5-32.

Navarro Tomás, T. 1944. *Manual de entonación española.* New York:
Hispanic Institute of the US.

Stockwell, R., J. D. Bowen, y I. Silva-Fuenzalida. 1956. "Spanish Juncture
and Intonation," *Lg* 32:641-55.

Wallis, E. 1951. "Intonational Stress Patterns of Contemporary Spanish,"
His 34:143-7.

Argentina

Bes, G. 1964. "Examen del concepto de rehilamiento," *Th* 19:18-42.

Beym, R. 1963. "Porteño /s/ and [h], [ȟ], [s], [x], [Ø] as Variants," *Lingua*
12:199-204.

Fontanella de Weinberg, B. 1967. "La S postapical bonaerense," *Th* 22:394-
400.

_____. 1973. "Comportamiento ante -s de hablantes femininos y
masculinos del español bonaerense," *RPh* 27:50-8.

_____. 1974. *Un aspecto sociolingüístico del español bonaerense. La -S en
Bahía Blanca.* Bahía Blanca, Argentina: Cuadernos de Lingüística.

Foster, D. 1967. "A Note on the /ŷ/ Phoneme of Porteño Spanish," *His* 50:119-121.

_____. 1975. "Concerning the Phonemes of Standard Porteño Spanish,"
Ling Div.

Gandulfo, A. 1964. "Spanish ll, y and rr in Buenos Aires and Corrientes," *ICL*-9,
212-3.

Guirao, M. y A. Manrique. 1972. "Fonemas, sílabas y palabras del español de
Buenos Aires," *Filo* 16.

Guitarte, G. 1955. "El ensordecimiento del zeismo porteño," *RFE* 39:261-83.

Honsa, V. 1965. "The phonemic systems of Argentinian Spanish," *His* 48:275-
83.

*Malmberg, B. 1950. *Etudes sur la phonétique de l'espagnol parlé en Argentine.*
Lund, Suecia: Lunds Universitets Arsskrift.

Murillo, C. 1978. *The Interaction of Linguistic Constraints on Spirantization in
Argentinian Spanish.* Tesis de maestría. San Diego: San Diego State University.

Terrell, T. 1978. "La aspiración y elisión en el español porteño," *AdeL* 16:41-66.

Vazquez, W. 1953. "El fonema s en el español del Uruguay," *RFHC* 10:87-94.

Vidal de Battini, B. 1951. "Extensión de la "rr" múltiple en la Argentina," *Filo*
3:181-4.
_____. 1954. *El español de la Argentina. Estudio destinado a los maestros de
las escuelas primarias.* Buenos Aires: Ministerio de Educación.
Zamora Vicente, A. 1949. "Rehilamiento porteño," *Filo* 1:5-22.

Belice

Hagerty, T. 1979. "Los factores lingüísticos que afectan la oclusión y la elisión de
la /d/ intervocálica en el español de Belice," *SDCH* (San Germán).

Bolivia

Herrero, J. 1969. "Apuntes del castellano hablado en Bolivia," *BFE* 30:37-43.

Caribe (general)

Beardsley, T. 1975. "French /R/ in Caribbean Spanish," *RI* 5:101-9.
Cedergren, H. 1979. "La elisión de la /d/: Un ensayo de comparación dialectal,"
BAPR.
Laurence, K. 1974. "Is Caribbean Spanish a Case of Decreolization?", *Or*
23:484-99.
Lawton, D. 1975. "Linguistic Developments in the Caribbean: 1950-1975," *RI*
5:93-100.
*López Morales, H. 1976. "Nuevas tendencias en la dialectología del Caribe
hispánico," *CHL - 75*.
_____. 1978. *Corrientes actuales en la dialectología del Caribe hispánico.* Rio
Piedras, Puerto Rico: Editorial Universitaria, Universidad de Puerto Rico.
Thompson, R. 1957. "A preliminary survey of the Spanish dialect of Trinidad,"
Or 6:353-72.

Colombia

Albor, Hugo. 1971. "Observaciones sobre la fonología del español hablado en
Nariño," *Th* 26:515-33.
Canfield, D. 1962. "Observaciones sobre la pronunciación del castellano en
Colombia," *His* 45:247-8.

*Flórez, L. 1951. *La pronunciación del español en Bogotá,* Bogota: Instituto Caro y Cuervo 8.
_____. 1960. "La pronunciación del español en Bolívar," *Th* 15:174-9.
_____. 1964. "El español hablado en Colombia y su atlas lingüístico," *PFLE* 1:5-77.
_____. 1964. "El español hablado en Santander," *Adel* 4:71-94.
Montes Giraldo, J. 1969. "¿Desaparece la ll de la pronunciación bogotana?" *Th* 24:102-4.
_____. 1975. "Breves notas de fonética actual del español," *Th* 30:338-9.
_____. 1975. "La neutralización del consonantismo implosivo en un habla colombiana (Mechengue, Cauca)," *Th* 30:561-4.
Rodriguez de Montes, M. 1972. "Oclusivas aspiradas sordas en el español colombiano," *Th* 27:583-6.

Costa Rica

Agüero, A. 1963. "El español de Costa Rica y su atlas lingüístico," *PFLE* 1:135-52.
Berk-Seligson, S. 1979. *Phonological Variation in a Synchronic/Diachronic Sociolinguistic Context: The Case of Costa Rican Spanish.* Tesis doctoral Tempe, Arizona: The University of Arizona.
Chavarría-Aguilar, O. 1951. "The phonemes of Costa Rican Spanish," *Lg* 27:248-53.

Cuba

Almendros, N. 1958. "Estudio fonético del español en Cuba," *Boletín de la Academia Cubana de la Lengua,* 3:171-2.
Canfield, D. 1951. "Tampa Spanish: Three Characters in Search of a Pronunciation," *MLJ* 35:24-4.
Clegg, J. 1967. *Análisis espectrográfico de los fonemas /aeo/ en un idiolecto de La Habana.* Tesis de maestría. Austin, Texas: University of Texas.
Cuéllar, B. "Observaciones sobre la 'rr' velar y la 'y' africada en Cuba," *EspA* 20:18-20.
Guitart, J. 1977. "Aspectos del consonantismo habanero: reexamen descriptivo," *BAPR* 6-2:95-114.
Haden, E. y J. Matluck. 1973. "El habla culta de La Habana: análisis fonológico preliminar," *AdeL* 11:5-33.

*Hammond, R. 1978. "An Experimental Verification of the Phonemic Status of Open and Closed Vowels in Caribbean Spanish," *Corrientes,* 93-144.

_____. 1979. "Un análisis sociolingüístico de la *r* velar en Puerto Rico," *SDCH* (San Germán).

_____. 1979. "The Velar Nasal in Miami Cuban Spanish Rapid Speech," *CHL* III.

_____. 1979. "Restricciones sintácticas y/o semánticas en la elisión de /s/ en el español cubano," *BAPR,* 7.

Isbasescu, C. 1965. "Algunas peculiaridades fonéticas del español hablado en Cuba," *RRL* 10:572-94.

*_____. 1968. *El español en Cuba.* Bucarest: Sociedad rumana de lingüística románica.

López Morales, H. 1965. "Neutralizaciones fonológicas en el consonantismo final del español de Cuba," *AdeL* 5:183-90.

*_____. 1970. *Estudio sobre el español de Cuba.* New York: Las Americas Publishing Co.

*Resnick, M. y R. Hammond. 1975. "The Status of Quality and Length in Spanish Vowels," *Ling* 156.

Terrell, T. 1975. "La aspiración y elisión en el español cubano: implicaciones para una teoría dialectal," *ALFAL* V:627-637.

_____. 1975. "Functional Constraints on the Deletion of Word Final /s/ in Cuban Spanish," *BLS.* 1:431-7.

_____. 1975. "La nasal implosiva y final en el español de Cuba," *AdeL* 13:257-71.

_____. 1976. "La variación fonética de /r/ y /rr/ en el español cubano," *RFE* 58:109-32.

*_____. 1979. "Final /s/ in Cuban Spanish," *His* 62:599-612.

Vallejo-Claros, B. 1971. *La distribución y estratificación de /r̄/ /r/ y /s/ en el español cubano.* Tesis doctoral. Austin, Texas: University of Texas.

Chile

Lenz, R. 1940. "El español en Chile," *BDH,* 6.

Oroz, R. 1964. "El español de Chile," *PFLE* 1:93-109.

_____. 1966. *La lengua castellana en Chile.* Santiago: Universidad de Chile.

Rabanales, A. "Hiato y antihiato en el español de Chile," *BFC* 12:197-223.

Silva-Fuenzalida, I. 1952. "Estudio fonológico del español de Chile," *BFC* 7:153-76.

Ecuador

Argüello, F. 1979. *El dialecto žeísta del español en el Ecuador: un estudio fonético y fonológico.* Tesis doctoral. University Park, Pennsylvania: Pennsylvania State University.

Boyd-Bowman, P. 1953. "Sobre la pronunciación en el Ecuador," *NRFH* 7:221-3.

King, H. 1953. "Sketch of Guayaquil Spanish Phonology," *SL* 11:26-30.

Robinson, K. 1979. "On the Voicing of Intervocalic [s] in the Ecuadorian Highlands," *RPh* 33:137-43.

Toscano Mateus, H. 1953. "El español en el Ecuador," *RFE* 61.

_____. 1964. "El español hablado en el Ecuador," *PFLE* 1:111-25.

El Salvador

Canfield, D. 1952. "La pronunciación del español en el Salvador," *AITIC* 2:28-32.

_____. 1953. "Andalucismos en la pronunciación salvadoreña," *His* 36:32-3.

_____. 1960. "Observaciones sobre el español salvadoreño," *Filo* 6:29-76.

España (incluyendo Andalucía)

*Alonso, D., A. Vicente, y M. Canellada de Zamora. 1950. "Vocales andaluzas," *NRFH* 4:209-30.

Alvar, M. 1955. "Las hablas meridionales de España y su interés para la lingüística comparada," *RFE* 39:284-313.

Catalán, D. 1964. "El español en Canarias," *PFLE* 1:239-80.

Dalbor, J. 1980. "Observations on Present-day Seseo and Ceceo in Southern Spain," *His* 63:5-19.

Espinosa, A., y L. Rodriguez. 1936. "La aspiración de la' h' en el sur y oeste de España," *RFE* 23:225-54.

Garcia Cotorruelo, E. 1959. "Estudio sobre el habla de Cartagena," BRAE.

_____. 1950. "El castellano como complejo dialectal y sus dialectos internos," *RFE* 34:107-24.

Garcia de Diego, V. 1959. *Manual de dialectología española,* Madrid: Instituto de Cultura Hispánica.

Lapesa, R. 1964. "El andaluz y el español de América, *PFLE* 2:173-82.

Llorente Maldonado de Guevara, A. 1962. "Fonética y fonología andaluzas," *RFE* 45:227-40.

McMenamin, J. 1978. "Geografía dialectal y sociolingüística: un ejemplo andaluz," *NRFH* 27:276-96.

Navarro Tomás, T. 1939. "Desdoblamiento de fonemas vocálicos," *RFH* 1:165-7.

Quilis, A. 1965. "Description phonétique du parler madriléne actuel," *Ph* 12:19-24.

Salvador, G. 1963. "La fonética andaluza y su propagación social y geográfica," *PFLE* 2:183-8.

Torreblanca, M. 1974. "Estado actual del lleismo y de la h—aspirada en el noroeste de la provincia de Toledo," *RDTP* 30:77-89.

_____. 1976. "La sonorización de las oclusivas sordas en el habla toledana," *BRAE* 56.

_____. 1978. "El fonema /s/ en la lengua española," *His* 61:498-503.

_____. 1979. "Un rasgo fonológico de la lengua española," *HR* 47:455-68.

*Zamora Vicente, A. 1967. *Dialectología española*. Madrid: Editorial Gredos.

Guatemala

Canfield, D. 1951. "Guatemala rr and s: A Recapitulation of Old Spanish Sibilant Gradation," *SMLL* 3:49-51.

Redmore, R. 1945. "Pronunciación de varias consonantes en el español de Guatemala," *RFH* 7:277-80.

_____. 1946. "Dobletes modernos en el español guatemalteco," *His* 29:214-5.

México

Alvar, M. 1965. "Algunas cuestiones fonéticas del español hablado en Oaxaca (México)," *NRFH* 18:353-77.

_____. 1966. "Polimorfismo y otros aspectos fonéticos en el habla de Santo Tomás Ajusco, México," *AdeL* 6:11-42.

Ávila, R. 1966. "Fonemas vocálicos en el español de Tamazunchale," *AdeL* 6:61-80.

Beym, R. y H. Kahane. 1948. "Colloquial Mexican Spanish," *Lg* 24:388-96.

Boyd-Bowman, P. 1952. "La pérdida de las vocales átonas en la altiplanicie méxicana," *NRFH* 6:138-40.

_____. 1952. "Sobre restos de lleísmos en México," *NRFH* 6:69-74.

_____. 1960. *El habla de Guanajuato*. México: Universidad Nacional Autónoma de México, Centro de Estudios Literarios.

Canellada, M. y A. Zamora Vicente. 1960. "Vocales caducas en el español mexicano," *NRFH* 14:221-41.

Cárdenas, D. 1953. *El español de Jalisco*. Tesis doctoral, New York: Columbia University.

_____. 1954. "El español de Jalisco. Contribución a la geografía lingüística hispanoamericana," *Or* 3:62-67.

Galvadon, L. 1970. "Aspectos fonéticos de Muzquiz (Coahuila)," *AdeL* 8:230-1.

King, H. 1952. "Outline of Mexican Spanish Phonology," *SinLing* 10:51-62.

*Lope Blanch, J. 1963. "En torno a las vocales caedizas del español mexicano," *NRFH* 17:1-19.

_____. 1964. "Estado actual del español en México," *PRLE* 1:79-91.

_____. 1966. "Sobre el rehilamiento de ll/y en México," *AdeL* 6:43-60.

_____. 1967. "La -r final del español mexicano y el sustrato nahua," *Th* 22:1-20.

_____. 1970. *Cuestionario para la delimitación de las zonas dialectales de México*. México: El Colegio de México.

_____. 1970. "Las zonas dialectales de México. Proyecto de delimitación," *NRFH* 19:1-11.

Lópex Chávez, J. 1977. "El fonema /s/ en el habla de La Cruz, Sinaloa," *NRFH* 26:332-40.

*Matluck, J. 1951. *La pronunciación en el español del valle de México*. México.

_____. 1952. "Rasgos peculiares de la ciudad de México y del Valle," *NRFH* 6:109-20.

_____. 1963. " La é trabada en la ciudad de México: Estudio experimental," *AdeL* 3:5-34.

Moreno de Alba, J. 1972. "Frecuencias de la asibilación de /R/ y /RR/ *en México*," *NRFH* 21:363-70.

Perissinotto, G. 1972. "Distribución demográfica de la asibilación de vibrantes en el habla de la ciudad de México," *NRFH* 21:71-9.

*_____. 1975. *"Fonología del español hablado en la ciudad de México*. México: El Colegio de México.

Zamora Vicente, A. y M. Canellada. 1960. "Vocales caducas en el español mexicano," *NRFH* 14:221-41.

México-americano

Bowen, J. 1952. *The Spanish of San Antoñito, New Mexico*. Albuquerque: University of New Mexico.

_____. 1970. "Local Standards and Spanish in the Southwest," *StinLL:* 153-64.

*Clegg, J. 1969. *Fonética y fonología del español de Texas*. Tesis doctoral. Austin: University of Texas.

Craddock. J. 1972. "Spanish in North America," *Current Trends in Linguistics*, 305-39. The Hague: Mouton.

Espinosa, A. 1925. "Syllabic consonants in New Mexican Spanish," *Lg* 1:109-18.
*_____. 1930. "Estudios sobre el español de Nuevo México-Parte I." *BDH* 1.
_____. 1940. "Estudios sobre el español de Nuevo México-Parte II." *BDH* 2.
González, G. 1969. *The phonology of Corpus Christi Spanish*. Austin:Southwest Educational Development Laboratory.
Hardman, M. 1956. *The Phonology of the Spanish of El Prado, New Mexico*. Tesis de maestría. Albuquerque: University of New México.
Heard, B. 1969. *A Phonological Analysis of the Speech of Hays County, Texas*. Tesis doctoral. Baton Rouge: Louisiana State University.
Merz, G. 1978. *A Phonological Study of the Spanish Spoken in La Reforma Neighborhood in Tucson, Arizona*. Tesis doctoral. Tempe, Arizona: The University of Arizona.
Phillips, R. 1967. *Los Angeles Spanish: A Descriptive Analysis*. Tesis doctoral. Madison: University of Wisconsin.
_____. 1972. "The influence of English on the /v/ in Los Angeles Spanish," *St in LL* 201-12.
Post, A. 1933. "Some Aspects of Arizona Spanish," *His* 16:35-42.
_____. 1934. "Southern Arizona Spanish phonology," University of Arizona Bulletin 5. University of Arizona, Tucson.
*Sanchez, R. 1972. "Nuestra circunstancia lingüística," *El Grito* 6(1):45-74.

Nicaragua

Lacayo, H. 1954. "Apuntes sobre la pronunciación del español de Nicaragua," *His* 37:267-8.

Panamá

Alvarado de Ricord, E. 1971. *El español de Panamá: estudio fonético y fonológico*. Panamá: Editorial Universitaria.
*Cedergren, H. 1973. *The Interplay of Social and Linguistic Factors in Panama*. Tesis doctoral. Ithaca, New York: Cornell University.
_____. 1978. "En torno a la variación de la [s] final de sílaba en Panamá: analisis cuantitativo," *Corrientes,* 35-50.
Robe, S. 1948. "-L y -r implosivas en el español de Panamá," *NRFH* 2:272-5.
*_____. 1960. *The Spanish of Rural Panamá*. Berkeley: University of California Press.

Paraguay

Cassano, P. 1970. "La b del español del Paraguay, en posición inicial," *RR* 7:186-8.
_____. 1971. "The Influence of Guarani on the Phonology of the Spanish of Paraguay," *SL* 26:106-12.
_____. 1972. "French Influence on the Spanish of the River Plate," *Or* 21:174-82.
_____. 1972. "The Fall of Syllable- and Word-Final /s/ in Argentina and Paraguay," *RLV* 38:282-3.
_____. 1973. "A Critique of Bertil Malmbert, Tradición hispánica e influencia indígena en la fonética hispanoamericana," *CJL* 18:31-45.
_____. 1973. "Retention of Certain Hiatuses in Paraguayan Spanish," *Ling* 109:12-16.
Malmberg, B. 1947. *Notas sobre la fonética del español en el Paraguay.* Yearbook of the New Society of Letters, Lund, Sweden.

Perú

Canfield, D. 1960. "Lima Castilian: The Pronunciation of Spanish in the City of the Kings," *RN* 2:1-4.
Escobar, Al 1978. *Variaciones sociolingüísticas del castellano en el Perú.* Lima: Instituto de Estudios Peruanos, 18.

Puerto Rico

Alemán, I. 1977. *Desdoblamiento fonológico en el español de Puerto Rico.* Tesis de maestría. Río Piedras, Puerto Rico: Universidad de Puerto Rico.
Casiano Montanez, L. 1975. *La pronunciación de los puertorriqueños en Nueva York.* Bogota, Colombia: Ediciones Tercer Mundo.
Del Rosario, R. 1964. "Estado actual del español en Puerto Rico," *PFLE* 1:153-60.
Dillard, J. 1962. "Sobre algunos fonemas puertorriqueños," *NRFH* 16:422-4.
Granada, G. 1966. "La velarización de /R/ en el español de Puerto Rico," *RFE* 49:181-227.
Hammond, R. 1979. "Un análisis sociolingüístico de la *r* velar en Puerto Rico," *SDCH* (San Germán).

_____. "Un nuevo eslabón en la cadena de descripciones del fonema /s/ — el habla jíbara," *SDCH* (Santiago).

Lopez Morales, H. 1979. "Velarización de /-N/ en el español de San Juan," *N-WAVE* (Montreal).

*_____. 1979. *Dialectología y sociolingüística: temas puertorriqueños.* Madrid: Editorial Playor.

_____. 1979. "La elisión de /s/ y la ambigüedad en las formas verbales del español de San Juan," *SDCH* (San Germán).

Lloréns, W. 1957. *El español en Puerto Rico.* San Juan.

*Ma, R. y E. Herasimchuk. 1972. "The Linguistic Dimensions of a Bilingual Neighborhood," *Bilingualism in the Barrio* (eds., J. Fishman et. al), La Haya: Mouton.

Matluck, J. 1961. "Fonemas finales en el consonantismo puertorriqueño," *NRFH* 15:332-42.

Mercado, I. 1979. "Vowel Contraction and Homonymy in Puerto Rican Spanish," *PRom* 1:36-42.

*Navarro Tomás, T. 1948. *El español en Puerto Rico.* Río Piedras, Puerto Rico: Editorial de la Universidad de Puerto Rico.

Poplack, S. 1978. "On Deletion and Disambiguation in Puerto Rican Spanish: A Study of Verbal (n)," *Centro Working Papers.* New York: Centro de Estudios Puertorriqueños.

*_____. 1979. *Function and Process in a Variable Phonology.* Tesis doctoral. Philadelphia: University of Pennsylvania.

_____. 1979. "Sobre la elisión y la ambigüedad en el español puertorriqueño," *BAPR.*

*_____. 1980. "Deletion and Disambiguation in Puerto Rican Spanish," *Lg* 56:371-385.

_____. 1980. "The Notion of the Plural in Puerto Rican Spanish: Competing Constraints on /s/ Deletion," *QALS.*

Saciuk, B. 1977. "Las realizaciones múltiples o polimorfismo del fonema /y/ en el español puertorriqueño," *BAPR,* 5:133-54.

_____. 1979. "La inestabilidad de las líquidas en tres dialectos de Puerto Rico," *BAPR,* 8.

_____. 1980. "La oclusiva glotal en el español antillano," *SDCH* (Caracas).

_____. 1981. "La historia se repite: sonorización de oclusivas sordas en el español antillano," *SDCH* (Santiago).

Shouse de Vivas, D. 1978. "El uso de [l] en Puerto Rico," *ALFAL* 6.

_____. 1979. *The Use of the* [l] Variant of the Variable r in Puerto Rican Spanish in a New England Community. Tesis de maestría. Lawrence, Kansas: University of Kansas.

Terrell, T. 1977. "Constraints on the Aspiration and Deletion of Final /s/ in Cuban and Puerto Rican Spanish," *BR* 6:35-51.

_____. 1978. "Sobre la aspiración y elisión de /s/ implosiva y final en el español de Puerto Rico," *NRFH* 27:24-38.

*Vaquero de Ramirez, M. 1972. "Algunos fenómenos fonéticos señalados por Navarro Tomás en *El español de Puerto Rico* a la luz de las investigaciones posteriores," *REH* 1-4:243-51.

_____. 1978. "Hacia un espectografía dialectal: el fonema /č/ en Puerto Rico," *Corrientes,* 239-249.

Zlotchew, C. 1974. "The transformation of the multiple vibrant to the velar fricative of Puerto Rico," *Or* 23:81-4.

República Dominicana

Alba, O. 1980. "La /s/ final de palabra de Santiago, R. D." *SDCH* (Caracas)

_____. 1981. "El acento: factor significativo en el proceso de aspiración y elisión de la /s/ en el español de Santiago," *SDCH* (Santiago)

Haché de Yunén, A. 1981. "La /N/ final de sílaba en el español de Santiago de los caballeros," *SDCH* (Santiago).

*Henriquez Ureña, P. 1940. *El español de Santo Domingo, BDH* 5.

*Jiménez Sabater, M. 1975. *Más datos sobre el español de la República Dominicana.* Santo Domingo: Ediciones INTEC.

Jorge Morel, E. 1974. *Estudio lingüístico de Santo Domingo.* Santo Domingo: Editora Taller.

Megenney, W. 1981. "Influencias subsaháricas en el español de la República Dominicana," *SDCH* (Santiago).

Navarro Tomás, T. 1956. "Apuntes sobre el español dominicano," *RI* 21:417-28.

Rojas, N. 1981. "Sobre la semivocalización de las líquidas en el español cibaeno," *SDCH* (Santiago).

Portela, C., C. Oquet, M. Marrero, E. Díaz, y F. de Mota. 1981. "Consideraciones acerca de la relajación de la /r/ implosiva en el español de niños de octavo grado de dos instituciones educativas de la ciudad de Santiago," *SDCH* (Santiago).

Terrell, T. 1979. "Los efectos de la reestructuración fonémica de /s/ en el habla dominicana," *SDCH* (San Germán).

_____. 1981. "Relexificación en el español dominicano," *SDCH* (Santiago).

Uruguay

Ricci, J. 1963. *Un problema de interpretación fonológica en el español del Uruguay.*
Montevideo: Imprenta García Morales Mercant.
_____. 1979. "La forma truncada en el español del Uruguay," *LSp* 24:176-7.
Vásquez, W. 1953. "El fonema /s/ en el español del Uruguay," *RFHC* 10:87-94.

Venezuela

D'Introno, F. J. Sosa.
_____, y _____ y N. Rojas. 1979. "Procesos morfológicos y
fonológicos que afectan a las líquidas implosivas en el español de Caracas,"
SDCH (San Germán).
Hauser, G. 1947. "La pronunciación del castellano en Venezuela: un reflejo
de la continuidad romance," *Revista de Educación para el Magisterio,*
Caracas, 50-52:95-104.
*Longmire, B. 1976. *The Relationship of Variables in Venezuelan Spanish to
Historical Sound Change in Latin and the Romance Languages.* Tesis
doctoral Washington: Georgetown University.
Navarro, M. 1980. "Las implosivas líquidas en las tierras bajas venezolanas,"
SDCH (Caracas).
Terrell, T. 1978. "La aspiración y elisión de /s/ en el español de Caracas,"
ALFAL-V.

Index